님께

　　주후　　　년　　　월　　　일

　　　　　　　　　　　　　　　　드림

기독교 교육총서 5

# 기독교 교육철학

황 성 철 지음

대한예수교장로회총회

# 발 간 사

　21세기를 맞은 한국 교회의 양적인 급성장에 대해서는 경이와 찬사를 보내고 있으나 질적인 면에서는 성숙도가 부족하다고 우려하는 소리가 크게 들려옵니다. 성도가 1,200만 명이나 되는 한국 교회가 세상에서 빛과 소금의 직분을 감당하지 못하여 겪는 부끄러움과 고통을 얼마나 더 견뎌야 하겠습니까? 이제부터라도 모든 성도가 내적으로 성숙한 삶을 살도록 온 교회가 교육 문제에 큰 관심을 갖고 준비하는 자세가 필요합니다.

　하나님의 일꾼으로 부름받은 교사들이 사명의 막중함을 깨닫고 교사로서의 본분을 감당하게 될 때, 성도들이 온전한 삶과 헌신적인 봉사의 일을 감당할 수 있을 뿐 아니라 그리스도의 몸을 세우는 삶을 살 수 있습니다(엡 4:11~13). 위대한 교사이신 예수님을 본받아 배우고 지키는 삶의 모습이 이 땅 구석구석까지 나타나 어두운 부분을 밝게 하며 능동적으로 부패를 막고 궁극적으로는 복음으로 이 땅을 구원하는 역사를 일으켜야 합니다.

　이런 관점에서 총회 교육부가 기획한 '교사들을 위한 기독교 교육 총서 시리즈'는 개혁주의 신앙에 근거한 신학을 정립하고, 훌륭한 교사로서 자라나는 세대를 하나님의 선한 일꾼으로 교육하는 데 크게 도움이 될 것입니다. 뿐만 아니라 개교회 및 노회에서 주일학교 교사들을 교육시키는 데도 꼭 필요합니다. 그래서 2007년에 새로 개정된 주교교사 통신대학 교재로 이 시리즈를 선정하였습니다.

과목으로는 1단계 준교사 양성 교육 과정에서 「기독교 교육학 개론」, 「창의적인 기독교 교육방법」, 「교사론」, 「기독교 심리학」, 「기독교 교육사」, 「예배와 교육」, 「신약개론」, 「구약개론」, 「기독교 교육철학」을 다루었고, 2단계 정교사 양성 교육 과정에는 「기독교 가정교육」, 「유아교육」, 「기독교 교육상담」, 「기독교 어린이 교육」, 「교수 매체 이론과 방법」, 「청소년 교육」, 「기독교 교회사」, 「기독교 교육 과정」, 「장로교 기본교리」를 배정하였습니다. 마지막 3단계 교사 리더십 양성 과정은 「청지기론」, 「종교개혁자의 신앙교육」, 「제자훈련의 이론과 실제」, 「교회음악학」, 「기독교 교육행정」, 「성경해석과 성경교수학」, 「기독교 교육과 윤리」, 「성경학교 교육론」, 「개혁주의 복음 전도와 양육」 등으로 분류하였습니다. 집필진도 해당 과목을 전공한 교수를 위주로 선정하였습니다.

본서를 통하여 주일학교 교사들이 이 시대에 꼭 필요한 교회 지도자로 쓰임받는 일꾼들이 되기를 바랍니다. 집필에 참여해주신 여러 교수님과 목사님, 좋은 교재를 만들기 위하여 기획 및 편집에 수고한 총회교육국 직원들에게 진심으로 감사를 드립니다. 이 책을 대하는 교사들과 모든 분들께 주님의 풍성한 은총이 함께하기를 기원합니다.

2009년 7월
교육부장

## 저자 서문

　성수대교와 삼풍백화점 붕괴사건은 우리 모두에게 너무도 큰 교훈을 남겼다. 그것은 기초가 허술한 다리와 건물은 오래가지 못한다는 것이다. 겉으로 보기에 웅장한 다리였고, 겉모양이 화려했던 백화점이었지만 기초가 튼튼하지 못했기 때문에 무너질 수밖에 없었던 것이다.
　이것은 오늘의 한국 교회도 신중히 받아들여야 할 교훈이다. 한국 교회는 세계 선교사상 그 부흥과 성장이 가장 빨리 성취된 교회로 알려져 있다. 이것은 물론 하나님의 크신 은혜와 복의 결과이다. 그러나 교회의 부흥과 성장을 그러한 관점에서만 생각하면서 안일에 빠져서는 안 된다. 그 부흥과 성장에는 결코 간과할 수 없는 이면(裏面)이 있다는 것을 인식해야만 한다.
　한국 교회는 부흥과 성장으로 인하여 그 몸집이 몹시 커졌다. 세계 10대 교회 중에 그 반수 이상을 한국 교회가 차지하고 있다는 사실이 그것을 단적으로 증명한다. 누가 뭐라고 해도 괄목할 만한 성장이요 또 다른 한편 자랑스러운 일이다. 하지만 여기서 심각하게 자문해 보아야 한다. "그렇게 커진 교회의 몸집에서 과연 어떤 힘이 나오고 있는가?" "교회는 그 몸집 크기에 걸맞는 힘을 발휘하고 있는가?"
　한국 교회의 기초체력이 부실하다는 것은 어제오늘의 이야기가 아니다. 몸집만 컸지 그 크기에 비해 교회로서의 역동성(dynamism)이 부족하다는 것은 이미 주지의 사실이다. 왜 이런 결과가 왔는가? 그동안 한국 교회는 너무도 양적인 성장일변도의 길만을 달려왔다. 교회를 자동차로 비유한다면 교회는 오로지 달리면서 사람들만을 모아서 태우는 데 바빴지 태운 사람들을 경쟁적인 그리스도의 사람들로 만드는 데에는 너무 소홀했었다. 다시 말하면 교인들의 질적 성장을 위한 노력이 부족했다는 말이다.

　물론 교회들마다 질적 성장을 염두에 둔 교육과 훈련이 있다. 하지만 교육과 훈련에는 철학이 있어야 한다. 철학이 없는 교육은 기초가 부실한 건물과도 같다. 궁극적인 목적도 확실하지 않고, 가야 할 방향도 불분명한 교회교육은 결코 건강한 교인들을 양성할 수 없고, 건강한 교회를 세울 수 없다. 경쟁력 있는 교인들을 만들어 낼 수 없는 것이다. 오늘의 교회가 몸집은 큰데 힘을 못쓰는 것은 바로 이런 이유에서다.

　본서는 바로 이런 점을 인식하고 교회교육의 기초로서 기독교 교육 철학의 중요성과 그 내용을 교인들 누구나 쉽게 이해할 수 있도록 평이한 문체로 서술하려고 했다. 교회교육에 관해서 쓰여진 책이 많지만 본서는 특별히 교회 평신도와 평신도 지도자들을 염두에 두고 썼다. 그 이유는 평신도가 건강해야 교회가 건강할 수 있다고 믿기 때문이다. 평신도들의 기초체력이 튼튼할 때 경쟁력 있는 교인이 되는 것이며, 동시에 이들을 통하여 경쟁력 있는 교회가 세워지게 되는 것이다.

　끝으로 본서를 집필할 수 있는 기회를 제공해 주신 총회 교육국 담당자들과 책의 편집과 출판에 수고를 아끼지 않으신 모든 분들께 감사를 드린다.

주후 2000년 12월
사당동 연구실에서
황 성 철

## 차 례

**제1부**    **기독교 교육의 배경**

**제1장 기독교 교육의 기초** ················ 15
    기독교 교육의 개념 · 15
    기독교 교육의 목적 · 20

**제2장 주일학교 교육의 형성** ··············28
    영국의 주일학교 · 28
    미국의 주일학교 · 31
    한국의 주일학교 · 34

## 제2부　기독교 교육철학

### 제3장 기독교 교육철학의 본질과 목적 ···45
철학이란 무엇인가? · 45
비기독교 철학에 대한 고찰 · 46
기독교 철학을 세워야 할 필요성 · 49
기독교 교육철학의 정의 · 50

### 제4장 기독교 교육철학의 기본적 개념 ···54
기독교 교육철학의 기초 개념 · 54
형상 개념 · 56

### 제5장 기독교 교육철학의 내용 ···············61
형이상학 · 61
인식론 · 66
가치론 · 70

# 차 례

**제3부** 기독교 교육철학의 교회적용과 실제

**제6장 신앙공동체와 기독교 교육** ············79
　　공동체적 인간, 공동체적 신앙 · 79
　　기독교 교육의 신앙공동체적 역할 · 82
　　신앙성숙의 기독교 교육적 함의 · 85

**제7장 교회의 기독교 교육에 관한 임무** ······91
　　설교와 가르침의 임무 · 93
　　교회 기독교 교육의 계획, 형태, 프로그램
　　　형성의 임무 · 94
　　복음주의적 지도자 양성의 임무 · 101

**제8장 기독교 교육 과정철학 및 방법철학** ···104
　　기독교 교육 과정철학 · 104
　　기독교 교육 방법철학 · 112

## 제9장 개교회 부서별 기독교 교육철학 ···118

영아, 유아, 유치부 · 118

아동부 · 122

청소년부(중·고등부) · 126

대학·청년부 · 129

장년부 · 131

## 제10장 교사론 ······134

교사의 본질과 중요성 · 134

교사의 지위와 역할 · 135

교사의 자격과 임무 · 139

## 제11장 기독교 교육철학과 현대교회 ······145

현대 교회의 교육 현황 · 145

확대된 현대 기독교 교육의 방향 · 152

현대 한국 교회 교육의 역할 · 156

네 자녀에게 부지런히 가르치며 집에 앉았을 때에든지
길을 갈 때에든지 누워 있을 때에든지 일어날 때에든지
이 말씀을 강론할 것이며

(신 6:7)

제1부

# 기독교 교육의 배경

이는 만물이 주에게서 나오고 주로 말미암고 주에게로 돌아감이라
그에게 영광이 세세에 있을지어다 아멘
(롬 11:36)

# 제1장 기독교 교육의 기초

우리 시대에 가장 많이 논의되는 주제들 가운데 하나는 '교육' 이다. 교육은 문화와 학문의 시작이며, 교육학자로부터 일반 시민에 이르기까지 누구나 관심을 가지고 한 번쯤은 자신의 의견을 피력하는 주제이다. 그러나 교육만큼 다양하고 정의하기 어려운 것도 없다. 그 이유는 사람마다 주장하는 교육이 다르고, 강조점이 다르기 때문이다. 더욱이 기독교 교육이란 '기독교'와 '교육'이라는 의미를 함께 제시하기 때문에 깊은 성찰을 필요로 한다. 우리는 "기독교 교육이란 그리스도인에게 있어서 임의의 선택이 아니라 절대적이고 필수적인 요소이다"라고 주장하는 하워드 핸드릭스(Howard Hendricks)의 말을 주목할 필요가 있다. 왜냐하면 선택이 아닌 필수로서의 기독교 교육을 어떻게 이해하고 실천할 것인가 하는 것이 기독교 교육에 종사하는 우리의 과제이기 때문이다.

## 기독교 교육의 개념

기독교 교육학자 이비(C. B. Eavey)는 기독교 교육을 다음과 같이 정의하고 있다. "진실한 기독교 교육은 인간 중심이 아니라 하나님 중심의 교육이다. 그것은 하나님과 함께 시작하고 하나님의 지도 아래서 수행되어지는 교육이다. 인간을 창조하시고, 인간의 고집과 죄에도 불구하고 인간을 사랑하시는 하나님은 인간 안에서, 인간을 위하여, 인간을 통하여 일하시기를 결코 쉬지 않으신다." 그는 교육을 인간 중심의 교육과 하나님 중심의 교육으로 나누고 진실한 기독교 교육은 하나님 중심의 교육이라고 주장한다.

　기독교 교육은 일반적인 교육이나 하나님의 중심성에서 벗어난 광범위한 종교교육과는 다르다. 기독교 교육은 성경의 계시와 직결되는 것으로써, 그 개념을 정의하기 위해서는 성경적 이해로부터 출발해야만 한다. 그러므로 기독교 교육은 단순한 가르침의 차원에서 고찰될 것이 아니라 '기독교'와 '교육'이라는 복합적인 배경 속에서 그 의미를 추적하여야 한다.

　이제 우리는 논리적 순서에 따라 교육의 언어적 배경과 정의, 기독교 교육의 정의를 살펴봄으로써 기독교 교육의 개념을 정리하고 올바른 방향성을 제시하고자 한다.

### 1) 교육의 어의(語義)

　교육이라는 말은 '교'와 '육'이라는 두 한자어의 결합이다. '敎'란 '가르치다'(instructing)라는 뜻인데, 이것은 외부에서의 힘에 의하여 이루어지는 것을 말한다. 또 '育'이란 '양육하다'라는 의미로 내면적 가능성의 자연적인 성장에 대한 조성을 의미한다. 또한 영어로는 'education'이라고 하는데, 이 말은 라틴어의 '에두케레'(educere)나 '에두카레'(educare)라는 동사형과 '에두코'(educo)나 '에두카티오'(educatio)라는 명사형에서 나왔다. 특히 '에두카레'(educare)는 'e'와 'ducare'라는 단어의 합성어로서 'e'는 'out'의 의미를 가지고 있으며 'ducare'는 'lead up or bring up'을 의미한다. 그러므로 'educare'는 '밖으로 이끌어 내다', '끌어올리다'라는 뜻을 가지고 있다. 이 말은 곧 영어의 'to nourish'에 해당하며, '훈육하다', '기르다'라는 의미이다. 독일어로는 '에어찌웅'(Erziehung)이란 말과

'빌둥'(Buildung)이란 두 단어가 교육의 의미로 사용된다. 에어찌웅(Erziehung)이란 사물의 파악과 사물의 사용에 대한 기초 교육으로서 인간의 의지와 양심의 훈련, 그리고 올바른 습관의 기초를 형성하는 의미로서의 교육을 말하고, 빌둥(Buildung)이란 인간의 온전한 인격 형성을 위하여 요구되는 교육의 과정을 뜻한다.

그러므로 교육이란 단어가 가진 의미를 분석하여 보면, 공통적으로 이중적인 의미를 함의하고 있는데, 즉 '이끌어 내다'라는 의미와 '형성하다'라는 의미이다. 교육이라는 단어의 어원으로서 기독교 교육의 정의를 내린다면 "하나님이 주신 학생들의 재능과 소질을 이끌어 내어서 그것을 잘 표현하도록 환경을 조성해 주고, 그들이 마땅히 알아야 할 진리를 가르쳐서 온전한 신앙인격을 형성하는 것을 의미한다"고 할 수 있다.

### 2) 교육(敎育)이란 무엇인가?

교육에 대한 정의를 한마디로 내릴 수는 없다. 왜냐하면 '교육'이라는 단어 속에는 여러 가지 의미가 들어 있고, 시대마다 세계관이나 사상이 다른 여러 교육학자들에 의해 그 의미들이 특징 있게 강조되고 약간씩은 다르게 소개되었기 때문이기도 하다. 고대로부터 현대에 이르기까지 교육에 대한 다양한 정의들이 존재해 왔다. 그 가운데 중요한 몇 가지를 살펴보도록 하자.

고대 그리스의 철학자 플라톤(Platon, 주전 427~347)은 관념론적 입장에서 교육을 논하고 있다. 그의 세계관은 현실 세계와 이성(logos) 세계로 구분하는 이원론(dualism)이다. 그는 현실 세계는 눈으로 볼 수 있는 물질 세계로써 무가치한 반면에 이성 세계는 이데아 세계로써 절대 불변하는 정신적 세계로 보았다. 그는 "가치 있는 이데아(idea)를 추구하고 이를 발견하여 나를 가져 보려고 노력하는 것"이 교육이라고 하였다.

교육자 코메니우스(John A. Comenius, 1592~1670)는 그의 대표

작인 「대교수학」(Didatica Magna)에서 교육 방법은 자연 법칙에 따라야 한다는 전제하에서 "인간의 마음을 하나님께 봉사할 수 있는 인격으로 만드는 것"이 교육의 궁극적인 목적이라고 하였다.

철학적 입장에서 칸트(E. Kant)는 도덕적 입장을 취하면서 "인간을 인간답게 하는 것"이 교육이라고 하였으며, 심리학적 입장에서 루소(J. Rousseau)는 교육을 "인간의 자발자를 위한 조성 작용"으로 보았다. 그리고 교육자 존 듀이(J. Dewey, 1859~1952)는 "교육이란 경험의 끊임없는 재구성"(continuing reconstruction of experience)이라고 했다. 이것은 경험의 계속적인 재구성으로 생활 경험의 견지에서 논한 정의이다.

교육의 정의에 대한 이와 같은 다양한 견해들은 "교육이란 바람직한 인격 형성의 과정이며 보다 나은 사회 개조의 수단"이라는 데에 초점을 맞추고 있다. 근본적으로 교육이란 인간과 그를 에워싸고 있는 환경과의 상호작용에서 인간으로 말미암아 발생되는 변화의 과정이라고 간주할 수 있다. 인간은 직면하는 상황 속에서 자신의 환경을 개선해 나갈 뿐만 아니라 환경과 접촉하면서 경험을 얻게 되며, 이 경험은 또 다른 변화를 초래하게 되고 이러한 일련의 과정을 통해 인간은 학습되어 가는 것이다.

그러므로 교육받은 사람일수록 그를 에워싸고 있는 환경에 유능하게 대처할 것이다. 배우고 계발하는 능력에 따라서 인간은 언어를 구사하는 능력과 이를 기록으로 남기는 기술을 보유하기 마련이다. 더욱이 인간은 이러한 경험과 결과들을 기록으로 보유하고 다시 다른 사람과 후대에게 전승한다. 동물들은 그들의 처한 환경에 본능적으로 대응하는 타고난 능력이 있고 주변의 환경을 다소 변화시킬 수 있다고 하지만, 인간이 소유한 통찰력을 지니고 있지는 않다.

그러므로 교육은 인간을 대상으로 한 인격형성의 과정이다. 즉 성숙자에 의해 미성숙자에게 가해지는 인간형성의 행위요 과정이 바로 교육이다. 교육을 통해 인간은 인간다운 인간, 즉 전인(全人)으로서의 개인을 형성하게 되는 것이다.

### 3) 기독교 교육이란 무엇인가?

그 개념적 차원의 이해를 돕기 위하여 서구의 교육학자들이 제시한 정의들을 먼저 살펴보는 것은 유익할 것이다.

먼저 노만 디종(Norman DeJong)은 기독교 교육을 정의하기를 "하나님과 인간, 인간과 이웃하는 인간, 인간과 자연 세계에 대한 참된 이해와 이들 상호간의 관계를 재창조 및 개발하는 것"이라고 했다. 그에 의하면 인간의 전 인격이 교육의 대상이며, 교육의 대상을 교육하는 그 기초는 성경이다. 그러므로 성경의 빛 아래서 교육의 모든 사실, 현상, 행위들을 이해하고 그 교육의 전체성 속에 질서를 이루는 것이 개혁주의의 교육에 대한 입장이다. 따라서 교육이 전개되는 곳엔 반드시 성숙자인 가르치는 자와 미성숙자인 배우는 자 사이의 인격적 교제와 이를 통한 영향, 감화 작용이 있다. 한마디로 디종은 교육을 신적인 선동이며, 인간이 자라고 생명 안에서 발전하는 인간적인 협동 과정으로 보고 있다. 그것은 신적으로는 그리스도를 통한 지식과 신앙과 희망과 사랑이라는 것이 그의 교육에 대한 정의이다.

웨너 그랜도르프(W. Graendorft)는 기독교 교육이란 "성경을 기초로 하고, 성령이 부여한 그리스도 중심의 가르침과 배움의 과정"이라고 하였다. 즉, 현재적인 가르침을 통하여 성장의 모든 수준에 따라 삶의 모든 면에서 그리스도를 통한 하나님의 목적과 계획을 알고 경험하도록 개개인에게 안내하는 일이라고 본 견해이다. 또한 로이 주크(Roy Zuck)는 "사람들을 그리스도에게로 인도하고, 그들이 그리스도 안에서 변화되도록 할 목적으로 성령의 능력을 통하여 하나님의 기록된 말씀으로 대화하는 그리스도 중심적이며, 성경을 기초하여, 학생과 관계된 의사 소통의 과정"이라고 하였다.

현대 교육신학자의 한 사람인 존 웨스터호프(John Westerhof) 3세는 "신앙 공동체의 의도적이고 조직적이며 지속적인 노력들이다" 이러한 노력들이 개인들과 집단들로 하여금 기독교적 생활 양식들을 발전시킬 수 있게 해 준다는 것이 그의 견해이다. 그의 정의를 풀어 보면, '의도적'이라 함은 목표와 목적들을 세우고 그에 따른 방법론을 가지고 추진하는 것을 의미하며, '조직적'이란 말은 교육 내용에 대하여 주의 깊게 배열하고, 재능과 성취 및 경험의 수준들에 따라 학생들을 등급 분류하며, 교회의 전체적인 삶과 교회사역에 있어서의 기독교 교육 프로그램을 완전히 통합한다는 의미이다. 그리고 '지속적'이라는 의미는 교육이 나면서부터 죽을 때까지 계속되는 과정이라는 것을 말한다.

이상의 견해들을 종합하여 볼 때, 기독교 교육은 하나님과 인간의 관계를 중시하는 교육이다. 이 교육은 다음과 같은 세 가지의 필수불가결한 요소로 이루어져 있다. 첫째 요소는 학습자에게 구주로서의 예수 그리스도가 개인적으로 필요하다는 의식을 불어넣어 성령의 힘을 통하여 회심하도록 확실히 이끌어 주는 것이다. 둘째는 학습자가 그리스도를 주님으로 고백하며 살아가도록 인도하며, 학습자가 "온전한 사람을 이루어 그리스도의 장성한 분량이 충만한 데까지 이를"(엡 4:13) 수 있는 여건을 조성하는 것이다. 그리고 셋째 요소는 학습자가 하나님께 봉사하는 삶을 영위하도록 인도하는 것이다. 진정으로 기독교적인 모든 교육은 이 세 가지 필수불가결한 요소가 교육과정에 상호 포함되어야 한다.

## 기독교 교육의 목적

### 1) 기독교 교육의 필요성

기독교는 철저히 하나님으로부터 연유하며 하나님의 자기 계시에 기초한 종교이다. 따라서 그 계시된 하나님의 뜻을 알지 못한다면 아무리 열심을 다하고 인위적 헌신의 극치를 이룬다 할지라도 그 신앙은 한낱 자기 도취적 맹신과 광신에 불과한 것이다. 베드로를 크게 칭찬하신 주님께서 불과 몇 분이 못되어 "사단아"라고 호되게 나무라셨던 사실이 그 좋은 예라 하겠다. 비록 충성어린 마음의 동기로부터 주님을 위하여 주님의 죽으심을 만류했지만 주님의 뜻을 근본적으로 거스르는 것이었기에 주님으로부터 여지없이 책망을 받았던 것이다. 교회의 기능, 목회자의 기능, 그리고 모든 그리스도인의 사명 역시 계시된 하나님의 뜻을 중심으로 이루어져야 함은 두말할 나위가 없다. 그 하나님의 뜻을 분명히 알고, 전달하고, 수행하는 일은 교육을 통하여 이루어진다.

현재 장년부 주일학교가 거의 전무한 상태로 오직 예배 중심으로 이루어진 한국 교회의 현실을 보면서 교육하는 교회로 바뀔 필요성을 절감하게 된다. 한국 교회 정체(停滯)의 주요 원인 중 하나가 바른 교육을 통해 바른 신앙관과 윤리관을 심어 주지 못한 결과, 교인들이 가져야 할 정체성을 상실하고 현실에 타협하기 때문이다. 이러한 현상은 일주일에 한 시간 정도 강단에서 목사들로부터 듣는 설교로만 하나님의 진리를 다 전달할 수 있다는 생각에서 나온 것이다. 더 나아가 교육은 교회의 본질적인 사역임을 주장하는 학자도 있다. 위대한 교사였던 길버트 하이엣(Gilbert Highet)는 두 가지 이유 때문에 교육이 교회의 본질적인 사역이라고 하였다.

첫째, 인간은 의미를 갈구하는 존재이므로 교육은 불가피하다. 비극 가운데서조차 인간은 자기들에게 일어나고 있는 일을 이해하기를 갈망한다고 하였다. 둘째, 기독교는 역사적인 종교이므로 교육이 필요하다는 것이다. 교육이 없다면 기독교는 한 세대 만에 소멸할 수도 있다는 것이 그의 견해이다. 현재의 우리 세대가 다음 세대에게 신앙을 전달하는 것이 가치 없다고 갑작스럽게 결정하게 된다면 신앙은 유실되고 우리의 교회는 서서히, 그리고 확실하게 소멸될 것이다.

기독교 교육이 효과적으로 이루어질 때, 두 가지 종류의 변화가 발생한다. 첫째, 영혼이 살아난다. 하나님의 은혜의 복음을 듣고 성령의 인도를 받아들이는 사람은 놀라운 변화가 그에게서 발생하는데 곧 죄 안에서 죽었던 것이 그리스도 안에서 살아나는 변화이다. 인간의 노력으로는 이 같은 변화를 이루어 낼 수 없다. 이것은 하나님으로 말미암은 기적이다.

둘째, 생활 속에 변화가 나타난다. 생활의 변화는 가치관의 변화를 말한다. 세상적 가치관이 아닌 성경적 가치관이 모든 생활의 판단 기준이 된다. 우리는 이와 같은 변화를 달리 말해서 삶의 철학이 달라졌다고 말할 수 있을 것이다.

## 2) 기독교 교육의 목적

기독교 변증학자인 반 틸(Van Til)은 1930년 8월 미시간 주 홀랜드에서 개최된 전국 기독교학교 연합회의 연설에서 기독교 교육의 목적을 다음과 같이 밝혔다. "진정한 교육은 하나님의 진리가 무엇인지 알리고 배우는 과정이다. 창조자이신 하나님께서 자신의 뜻을 그리스도를 통하여 알리려고 하셨고, 그 해석의 유일한 근원이신 성령에 의하여 알려졌다. 성경은 그 해석의 창고가 되며, 우리의 최종적 권위가 된다." 요약하면 성경에 나타난 하나님의 뜻을 전달하는 것이 기독교 교육의 목적이라는 것이다.

기독교 교육학자인 허버트 번(Herbert Byrne)은 "기독교 교육은 간단히 말해서 그리스도에 관한 교육이다. 이것을 이루기 위해 기독교 교육의 목적은 예수님의 목적이 되어야 한다"고 하였다.

그렇다면 예수님의 목적은 무엇인가? 예수님의 목적은 누가복음 19장 10절의 말씀과 같이 '잃어버린 자를 찾아 구원하러 오심'이다. 이것은 기독교 교육의 근본적이며 완전한 목적이다. 더 나아가 근본적인 목적에 둘러싸인 궁극적인 목적(소망하는 바로서의 목적)은 그리스도 안에서 온전한 사람을 이루는 것이다. "이는 하나님의 사람으로 온전하게 하며 모든 선한 일을 행할 능력을 갖추게 하려 함이라"(딤후 3:17). 그러므로 첫째 목적을 깨닫는 순간부터 모든 진정한 그리스도인들은 궁극적인 목적을 향하여 끊임없는 발전이 있어야 한다.

지금까지 기독교 교육의 목적에 대한 발표들이 많이 있어 왔다. 그 중에 1930년 미국의 국제 종교교육 협의회는 폴 비에스(P. Vieth)가

작성한 「종교교육의 목적」의 내용을 그대로 채용해서 7개 조항으로 된 「종교교육 목적」을 발표하였다. 이것은 각 조항마다 그 첫머리가 "기독교의 종교교육은 … 을 탐구한다"로 되어 있다. 이 7개 조항은 10년 후에 가정교육에 관한 것이 하나 추가되어 8개 조항이 되었으며, 매우 오랫동안 기독교 교육 목적의 '표준'으로 자리 잡아 왔다. 그 내용은 다음과 같다.

① 성장해 가는 개인들에게 하나님을 인간 경험의 실재로서 인식하게 하며, 하나님과 인격적인 관계를 갖도록 하는 것이다.
② 예수님을 주님으로 체험하고 일상생활 속에서 그것을 표현해 갈 수 있도록 예수님의 인격, 생활, 교훈을 이해하고 존중하게 하는 일이다.
③ 그리스도를 닮은 성품으로 끊임없이 성장해 가도록 돕는 일이다.
④ 하나님이 아버지이시며 인간은 형제라는 이상을 체험하면서 선한 사회질서 건설에 참여하고 공헌할 능력을 키워가는 일이다.
⑤ 그리스도의 공동체인 교회에 적극적으로 참여하는 능력을 기르는 일이다.
⑥ 기독교 가정의 의미와 중요성을 잘 인식하고 이 기본적인 사회 집단의 생활 속에 건설적으로 참여하고 공헌하는 능력을 발전시키는 일이다.
⑦ 인생과 우주에 관한 기독교적 해석과 하나님의 목적과 계획을 이해하는 능력을 높이며 그것에 기초한 인생관을 갖도록 하는 일이다.
⑧ 성경 속에 밝히 드러난 최선의 종교 경험을 맛보도록 교회 안에서 참여하고 일하게 하는 일이다.

그러므로 그리스도인 교사들이 가져야 될 기독교 교육에 있어서의 항구적인 목적은 구원받은 자들이 그의 사명이 끝나는 날까지 날마다 지속되는 생활을 돕는 작업이다. 이비(C. B. Eavey)는 그리스도인 교사의 목적을 "각 학생 개인이 하나님의 계획에 따라 살아가도록, 당사자로 하여금 창조주 하나님이 목적하신 바를 자신의 목적으로 삼을 수 있도록 도와주는 것"이라고 하였다.

　기독교 교육의 관심사와 그 목적과 모든 활동은 회복과 재생의 과정에 조력하는 것이다. 일반적인 교육의 성격과 같이 개인에게서 발생하는 변화가 그의 환경에 상호 작용케 하는 것이다. 기독교 교육의 실제적이며, 근본적인 요소는 인간과 그의 환경 즉 하나님과의 상호작용을 실행하는 것이다.

### 3) 기독교 교육의 목표

　기독교 교육의 목적을 달성하기 위해서는 목표가 필요하다. 교육의 목표가 없다면 방향은 상실될 수밖에 없다. 더욱이 무엇을 가르쳐야 하고 어떻게 가르쳐야 하는지를 결정하는 것이 불가능하며 교육의 성과를 거두는 것도 기대할 수 없게 된다. 진정한 기독교 교육의 목적과 목표는 성품과 행위가 그리스도를 닮아갈 때까지 하나님의 사람으로 온전함에 이르도록 하는 것이다. 이러한 궁극적인 목적 아래서 목표들이 수립되고 성취되어야 한다.

　1952년 기독교교육 협의회는 기독교 교육의 목표를 연구하기 위한 특별 위원회를 선정했다. 5년 간의 연구 끝에 하나의 교육 목적과 5개 항목의 교육 목표를 발표하였다. 그 교육 목적은 "기독교 교육의 최고의 목적은 사람들로 하여금 예수 그리스도 안에 나타나셨던 하나님의 사랑을 깨닫고 그 사랑에 반응하도록 하는 데 있다"는 것으로, 이 목적을 성취하기 위해서 다음과 같은 5개 항목의 교육 목표를 세웠다.

　첫째, 사람들로 하여금 각 발달 단계에서 하나님으로부터 지음을 받은 가장 높은 잠재력을 가진 자인 줄 깨닫도록 도와주고, 자신을 그리스도에게 위탁하여 성숙한 그리스도인이 되도록 돕는다.

　둘째, 모든 사람들을 하나님의 사랑의 대상으로 보면서 그들의 가정, 교회, 사회에서 기독교적인 관계를 설정하고 유지하도록 도와준다.

　셋째, 사람들로 하여금 하나님이 창조하신 자연계에 대한 올바른 이해와 인식을 갖도록 도와주고 하나님과 사람에게 봉사하는 데 자연계를 사용하는 것을 가르쳐 준다.

넷째, 사람들로 하여금 성경에 대한 이해와 인식을 증진시켜서 하나님의 말씀을 듣고 순종할 수 있도록 하며, 기독교의 역사적 유산들 속에 있는 다른 요소들을 효과적으로 활용하도록 돕는다.

다섯째, 사람들로 하여금 교회의 국내 선교와 국외 선교에 성실하게 참여하게 하여 기독교적 친교 속에서 책임 있는 역할을 수행할 수 있도록 돕는다.

로이스 르바(Lois E. LeBar)는 기독교 교육의 목표를 예수 그리스도에 두고, 그리스도 중심이 참 목표라고 하였다. 르바는 살아 있는 말씀인 그리스도와 기록된 말씀인 성경이 기독교 커리큘럼의 중심이 되는 기독교 교육 목표의 패러다임(paradigm)을 제안하였고, 효과적인 교육의 여부는 다음의 몇 가지 사항에서 측정되어야 한다고 보았다.

첫째, 학생을 그리스도께로 인도하는가?

둘째, 학생을 그리스도 안에서 세워 주는가?

셋째, 학생들로 하여금 그리스도를 전하게 하는가?

누가복음 2장 52절의 말씀에 보면 "예수는 지혜와 키가 자라가며 하나님과 사람에게 더욱 사랑스러워 가시더라"라고 기록되어 있다. 하나님의 목적을 성취하시기 위한 예수님의 생애는 우리들의 목표를 결정하게 해 주는 귀한 모델이 된다. 이 말씀에 나타난 예수님에 대한 인격의 지적, 신체적, 사회적, 그리고 영적인 측면의 묘사를 이용하여 그리스도를 닮은 사람에 대한 바울의 연구를 다음 도표에서 열거해 보았다.

위의 목록이 하나님의 자녀가 된 특징을 다 열거한 것이라고 볼 수 없지만 하나님의 자녀는 이와 같이 살고, 진리를 밝혀 드러내도록 교육받아야 한다. 이러한 교육을 통해 영적 성숙에 대한 또 다른 개념인 통합된 인격(integrated personality)을 추구할 수 있다.

이러한 교육의 목표를 실행하는 교사는 무엇보다도 먼저 이미 하나님과 교제하며 성령의 인도와 지도하심을 받는 사람이어야 한다. 그리고 학생들이 하나님의 의와 사랑을 실현하고 인간의 죄성을 이해하도록 가르쳐야 한다. 교사들은 인간이 죄로 말미암아 타락된 존재라는 것을 가르쳐야 하며 동시에 그리스도와 구속의 사역을 통해 의로우신 하나님의 자녀가 되는 길로 인도해야 한다.

| 육체적 목표 | 영적 목표 | 정신적 목표 | 사회적 목표 |
|---|---|---|---|
| 1) 우리의 육체는 성령이 거하시는 성전으로 깊이 생각해야 함(고전 3:17)<br>2) 순결(고전 6:13, 18, 20)<br>3) 육체가 가장 중요한 것은 아님 (딤전 4:8) | 1) 영적 생활이 보다 중요함 (고전 2:14, 갈 5:22~23)<br>2) 정서적 조화와 희열(살전 5:17, 요 15:11)<br>3) 평강(빌 4:6~7)<br>4) 사랑(고전 13장)<br>5) 동정(롬 12:15)<br>6) 유쾌함(행 27:22)<br>7) 감사(살전 5:18)<br>8) 소망(롬 15:13)<br>9) 확신(빌 1:16)<br>10) 존경(빌 2:12)<br>11) 확고한 의지 (살전 5:21)<br>12) 목적의 안정 (딤전 4:16)<br>13) 교양 있는 의지 (빌 3:16)<br>14) 진실(엡 4:25)<br>15) 친절(살전 5:15)<br>16) 접대(롬 12:13)<br>17) 성령충만(엡 5:18)<br>18) 인내(살전 5:14)<br>19) 순종(골 3:20)<br>20) 그리스도를 닮음 (롬 13:14)<br>21) 겸손(롬 12:10)<br>22) 자제(롬 12:21)<br>23) 거룩함 (벧전 1:15~17) | 1) 견문이 넓은 지성, 깨닫는 이해력, 활동적인 이성, 재빠른 판단력(행 28:23, 20:1, 9:29, 19:8~9, 20:7, 20:20, 23:11, 20:25, 20:31, 20:32, 21:19, 24:10)<br>2) 고상한 사고(빌 4:7~9)<br>3) 공론을 피할 것 (딤전 6:20, 4:7)<br>4) 사고의 정확성(골 4:6)<br>5) 사상의 독립성(엡 5:6)<br>6) 연구의 적용성(딤후 2:15)<br>7) 신앙 (롬 1:17)<br>8) 기도 (눅 6:12, 엡 6:18) | 1) 훌륭한 시민 (롬 13:1~7)<br>2) 건전한 사업 (롬 13:8)<br>3) 선한윤리 (롬 13:9)<br>4) 타인의 권리를 존중(롬 14:13)<br>5) 이웃의 정의(情誼)(롬 15:1~2)<br>6) 심사숙고 (롬 16:19)<br>7) 당파심이 없음 (고전 1:10)<br>8) 경쟁계층이 없음 (고전 4:6)<br>9) 선한 사귐 (고전 5:13)<br>10) 송사 (고전 6:1, 7)<br>11) 근면(살전 5:14, 2:9, 4:11~13, 살후 3:6, 10)<br>12) 긍휼(롬 12:17)<br>13) 용서(엡 4:26)<br>14) 청지기 (마 6:19~21)<br>15) 빛(마 5:14~16)<br>16) 소금(마 5:13)<br>17) 행실(마 10:16)<br>18) 태도 (요 12:15~17) |

## 연구를 위한 질문

1. 자기 자신의 말로 교육을 정의해 보시오.

2. 교육(敎育)이라는 말의 어원적 의미를 살펴서 다시금 교육에 대한 정의를 내려 보시오.

3. 기독교 교육이란 무엇인지 아는 바를 간단히 써 보시오.

4. 우리에게 기독교 교육이 필요한 이유를 말해 보시오.

5. 허버트 번이 기독교 교육은 예수 그리스도에 관한 교육이며, 그분을 목적으로 삼아야 한다고 하였다. 그렇다면 예수님의 목적은 무엇이며, 이 목적이 우리의 교육 목적이 되었는가?

6. 그리스도의 인격의 지적, 신체적, 사회적, 영적 측면의 묘사를 통해 그리스도를 닮은 사람에 대한 바울의 견해를 각 측면별로 세 가지 이상 말해 보시오.

# 제2장  주일학교 교육의 형성

주일학교 운동은 기독교 교육사에서 중요한 의미를 가지고 있을 뿐만 아니라, 그 교육사에 있어서 핵심적인 역할을 했다. 주일학교 운동은 영국에서 시작되었으며, 미국을 통해 전 세계로 확산되었다.

## 영국의 주일학교

최초의 주일학교는 영국의 로버트 레익스(Robert Raikes, 1735~1811)에 의하여 시작되었다. 당시의 사상적 경향은 청교도들에 대한 반동 사조와 영국의 경험주의, 유럽으로부터 건너 온 합리주의적 이신론이 지배적인 상황이었다. 영국은 당시 정치와 사회 혼란, 교회의 부패, 교육의 방치로 정신적 진공상태를 겪고 있었다. 레익스 시대의 서민들은 육체적, 정신적, 도덕적으로 비참한 상황이었다. 그들은 돼지, 닭, 거위 등과 같이 기거하며 추한 옷을 입고 형편 없는 식사를 했으며 짚단 위에서 잠을 잤는데 특히 레익스가 살고 있는 글로체스터와 같은 산업 도시에서는 그 정도가 더욱 심하였다. 평민들은 심지어 초등학교에 들어갈 수 있는 권리조차 없었으며 영세민이 글을 읽을 줄 아는 것은 보기 드문 일이었다. 무지와 악덕, 방탕과 불경건 등이 특히 하위층에 성행했으며 지배층들은 이를 제재하기 위한 수단으로 강력한 법률을 제정하고 심한 벌칙을 가했다.
 레익스는 그의 신문에 이렇게 헐벗고 굶주린 자들의 실상을 보도하고 그들을 돕고자 노력하였다. 수년 동안 레익스는 이들을 위해 노력했지만 목표를 달성하기가 너무 어렵다는 것을 발견했다. 글로체스터의 거리는 일요일이 되면 장난과 말다툼, 욕설과 싸움으로 소란했다. 사회로부터 버림받은 어린아이들로 거리가 가득 찼기 때문이었다. 연소자 노동법이 제정되지 않은 상황에서 평일에 공장에서 일하던 아이들은, 일요일엔 '부도덕의 슬럼가'가 되어 버린 거리로 몰려들었다. 레익스는 이들의 집과 부모들의 상황을 이미 알고 있었으며 부모들에게 호소해 봐야 헛수고라는 것을 깨달았다.
 마침내 그는 어린이들을 위해서 일하기 위해 '부도덕은 예방될 수 있다'는 격언을 고안해 내기에 이르렀다. 그는 부도덕은 게으름에서부터 시작되고 게으름은 무지에서 온다는 것을 확신했다. 그리하여 어린이들을 교육함으로써 부도덕을 방지할 수 있다는 결론에 도달했다.
 따라서 그는 1780년 글로체스터의 세인트 캐더린(St. Catherines)가의 메리디스(Meredith) 부인 집 주방에서 그의 첫 주일학교를 시작하였다. 그는 메리디스 부인에게 학생들을 가르치는 조건으로 보수를 지불했다. 그러나 거친 소년들과 이보다 더욱 심한 여학생들 때문에 그녀는 몇달 후 가르치기를 포기하였다. 레익스는 장소를 옮겨 메리 크리라는 새로운 교사를 채용했다. 그녀는 학생들을 다루는 솜씨가 좋았고, 공립학교로 승격되기까지 레익스를 열심히 도왔다.
 후에 레익스는 글로체스터의 또 다른 지역에 몇 개의 주일학교를 더 시작하였다. 레익스의 학교 목표는 개인 운명의 개척과 나아가 사회 개혁을 불러일으키기 위하여, 성경을 가르치는 것보다 읽기, 쓰기, 산수, 요리 문답 등을 가르치는 데 더 치중했다. 학교의 최대 목표가 인격 형성이었는데 이 일의 기본적인 방법으로 성경을 도입했다. 레익스 운동의 목적은 성경을 주교과서로 사용해서 교회가 도외시하는 사람들에게 종교교육을 시키는 데 있었다. 이러한 그의 종교교육은 국가적 차원의 일반 교육계획의 발판이 되었다.

레익스는 이 일을 시작하기 전 많은 사람들에게 조언을 받았다. 요한과 찰스 웨슬레(John and Charles Wesley), 그리고 조지 휫필드(George Whitefield)는 그의 개인적인 친구이며 또한 고문이었다. 그는 학교 방문자들에게 학교를 시찰하게 한 후 그의 계획을 설명하고 계획에 대한 최대한의 지원과 조언을 요청했다. 주일날이면 난폭한 행동만을 일삼았던 어린이들이 선도 계획에 따라 개혁될 수 있다는 것을 그의 실제적 시험에서 확신을 얻은 후, 1783년 11월 3일자 그의 신문에 이 사실을 보도했다. 이 사실이 런던 신문에 보도되었고, 요한 웨슬레가 집필하는 잡지에도 실리면서 그의 사업의 성격에 대한 지식은 급속도로 전파되었다. 이 일에 대한 관심은 반대파의 세력에도 불구하고 영국의 왕실에까지 들어가게 되었다.

그리하여 초라한 학교에서 출발한 레익스의 주일학교는 1787년 영국 안에 25만 명에 이르는 학생을 두게 되었고, 1811년 그의 임종시까지 영국 전역에 총 40여만 명의 학생들을 가르치는 학교로 발전하게 되었다.

그가 이 운동이 성공하게 된 이유는 여러 가지로 설명될 수 있다. 첫째, 아버지로부터 물려받은 「글로체스터 저널」(Gloucester Journal)이란 신문사의 편집자 지위에 있었기 때문이었다. 그는 이 저널을 통해 그의 사업의 성과와 중요성을 세상에 널리 알릴 수 있었다.

둘째, 존 웨슬레의 능동적 지원에 힘입었다. 대부분의 성직자들이 주일학교에 대해 공개적으로 반대하거나 냉담하게 중립을 지키고 있을 때, 웨슬레는 능동적이고 우호적인 관심을 나타내었다.

셋째, 윌리엄 폭스(William Fox)가 창시한 '주일학교 협회' 사업이 중요한 요소가 되었다. 그가 이 사업을 하게 된 이유는 세계의 모든 사람들은 성경을 반드시 읽을 수 있어야 한다는 믿음 때문이었다. 그는 영국을 여행할 때 가난해서 성경이 없는 사람들을 발견하고 복사판 성경을 주었으나 제대로 읽지 못한다는 사실을 알게 되었다. 그래서 그는 친구들과 함께 글을 읽지 못하는 사람들을 돕기로 하고 성경을 읽을 수 있도록 글을 가르쳤다. 이 시기에 폭스는 레익스의 소식을 듣고 그와 주일학교에 대해 협의하게 된 것이다.

영국의 주일학교 운동은 단순한 종교교육의 차원만이 아니라 국민교육의 성격을 가지고 있었고 나아가 사회악에 대한 기독교적인 대응의 의미도 있었다.

## 미국의 주일학교

미국에서는 1785년에서 1811년 사이에 영국식을 바탕으로 한 몇 개의 주일학교가 시작되었다. 최초의 주일학교의 발단은 버지니아 주에 있는 윌리암 엘리오트(William Elliott)의 가정으로 본다. 1785년 엘리오트는 매 주일 저녁마다 그의 식구들과 하인들을 회집하여 교육의 시간을 가졌다. 이웃 어린이들도 그의 학교에 초대되었다. 이 학교의 목표는 학생들이 성경을 읽을 수 있는 준비였다. 나중에 이 학교는 버지니아 주 아코맥 군(郡)(Accomack County)에 있는 버튼 글로우브(Burton-Grove) 감리교회로 옮기게 되었다. 1786년 두 번째 주일학교가 역시 버지니아에서 프란시스 애즈버리(Francis Asbury)에 의해 설립되었는데, 그는 존 웨슬레의 영향을 많이 받은 사람이었다. 이 학교의 주목적은 노예 교육이었다.

남부에서 이러한 일들이 진행되고 있는 가운데, 북부에서는 교회의 원조 없이 주일학교에 대한 관심이 나타나게 되었다. 당시에는 무료 공공 학교가 없었기 때문에 어린이들은 무지 가운데 성장할 수밖에 없었으며, 부패된 최악의 상황에서 보냈다. 이러한 상황에서 이 운동에 관심 있는 사람들은 통합된 노력의 필요성을 자각했다. 따라서 1790년 '주일 또는 안식학교 협회'가 형성되었는데 이것이 성장하여 1824년에는 '미국 주일학교 연합회'(American Sunday School Union)가 설립되었다. 이 연합회는 발족된 날로부터 현재까지 주일학교 발전에 가장 효과적으로 기여했다.

## 1) 발전기

　미국 주일학교의 현저한 발전 요인은 연합회 운동의 지도자들의 열심, 통찰력, 용기, 그리고 정치적인 수완들이었다. 이 연합회 지도자들은 각 주에 조사위원들을 파견하여 도덕적 타락으로 인해 무질서한 사회에서 젊은이들을 구출하는 길은 성경 교육밖에 없다고 믿게 되었다. 조사 결과 이 연합회는 아래 세 가지 사항들을 적극 추진하기로 하였다.
　첫째, 교육에 대해서 학과의 조직적 공급과 특히 아동문학서, 학교를 위한 완전한 장비, 그리고 교수 방법과 원리에 대한 정보를 보급하기로 하였다
　둘째, 조직에 대해서 지방 학교 내의 교사회 발족 권장과 도회지 및 주일학교 연합회로 하여금 교사 및 학교들에게 감동과 조언 그리고 상호 발전을 위해 노력하는 분위기 조성을 권장하였다.
　셋째, 주일학교 확장에 대해서 일반인 및 선교사 활용과 주일학교 직원들을 위해서 그들 사이의 통신망을 제공하기로 하였다.
　'미국 주일학교 연합회'의 목표 중 하나는 인구가 존재하는 곳은 어디든지 주일학교를 설립하는 데 전력을 다하는 것이었다. 그래서 1820년에 첫 선교사를 파송한 이후로 1824년 6명의 유급 선교사를 파송했다. 또한 출판에도 관심을 기울여 1830년 대형 주간지인 「주일학교 신문과 기독교 교육의 변호인」과 1859년 「주일학교 타임즈」, 「주일학교 세계」 등을 발간하게 되었다. 그리고 각종 교재 발간에도 힘써 성경에 관한 이해를 돕는 많은 서적들이 출판되었다.
　출판과 선교 사업뿐만 아니라 대회와 같은 연례 모임들을 통해서 주일학교가 발전하게 되었음은 간과할 수 없다. 이러한 연합적인 주일학교의 발전 단계를 거치는 동안 시카고의 두 사람에 의해 주일학교 운동 방향은 하나님의 능력과 구원 사업의 기관으로 변모하게 되었다. 그들이 바로 벤자민 플랭클린 제이콥스(Benjamin Franklin Jacobs)와 드와잇 레이멘 무디(Dwight L. Moody)이다. 일리노이 주 대회 제6차 연례 회의에 앞서 무디와 제이콥스는 대회와 주를 일깨운 부흥

운동을 전개하였다. 그 결과 이 대회에서 수백 명이 회개하게 되었다.

## 2) 쇠퇴와 회복

주일학교 운동은 '교회에서의 교육 운동'이라고 할 수 있는 종교교육 운동의 무대가 되었다. 그러나 이 종교교육 운동은 통합과 연합의 성격을 가지고 있는 주일학교 운동과는 달리 교파간의 갈등을 야기시켰고, 주일학교 운동을 통한 부흥 운동의 쇠퇴 요인이 되었다. 이 운동을 주도한 사람은 호레이스 부쉬넬(Horace Bushnell, 1802~1872)이다. 부쉬넬은 전통적인 칼빈주의 신학에 반기를 들고 인간의 이성에 입각한 과학적 합리성의 기준을 내세우는 신앙교육을 강조하였다. 이 종교교육 운동은 1903년 종교교육 협회(Religious Association)의 조직으로 활기를 띠게 되었고, 이 협회는 자유주의 신학과 존 듀이(John Dewey)의 영향을 받게 되었다.

이상의 결과로 20세기 초 황금기를 맞이했던 주일학교는 1916년에서 1940년까지 등록 학생 수와 주일학교 수의 양면에서 감소하게 되는 쇠퇴기를 맞이하게 되었다. 기독교 교육학자인 벤슨(Clarence H. Benson)은 1943년에 정부의 공식 통계를 인용하여 "인구의 증가에도 불구하고 주일학교 등록 수는 1926에서 1936년 사이에 12.6% 감소했다"고 밝혔다.

그러나 이러한 자유주의적 물결에 대한 반항과 주일학교를 성경으로 환원시키려는 복음주의적 활동이 나타나게 되었다. 1942년 센트루이스에서 전국 회의가 개최되었는데 34개 교파의 선교사와 교육기관으로부터 200명 이상의 복음주의자들이 참석해서 복음주의적 협회의 구성안을 통과시켰다. 1945년 시카고 대회 때 복음주의 주일학교 연합회(Evangelical Sunday School Association)가 조직되었으며 마침내 복음주의적인 계단 공과가 출판되었다. 이 협회의 목적은 '주일학교 부흥, 성경 공부의 장려와 향상, 주일학교 대회의 촉진, 기독교 교육의 모든 분야 발전을 위한 활동, 서적, 서류, 정기간행물 등의 발행, 인쇄 공급, 판매와 주일학교 협의회 연합을 위해 주일학교 중앙 본부 설치, 주일학교 사업 발전을 위한 국내 및 세계적인 협력 및 연합 활동 강좌' 등이었다.

비록 전국 주일학교 연합회의 기본 목적은 성경의 정당한 위치를 확보하기 위한 교재 생산에 있었지만, 주일학교 대회를 후원하고 지도하는 것에도 적극 관심을 기울였다. 많은 사람들이 이 대회에서 주일학교의 역량을 보게 되었고, 그 활동에 대한 자극을 받았으며, 사업 추진을 위한 교훈도 받게 되었다. 그래서 전국 주일학교 연합회는 주일학교를 진정한 기독교 교육의 핵심적 요소로 재출현시키는 데 강력한 영향을 주었다. 이 연합회는 40개 교파와 3천만의 복음주의적 기독교인을 위한 유능한 협력자들의 활동을 통해서 직·간접적으로 주일학교 사업에 침투하여 이들에게 생기와 힘을 불어넣었고, 수백만 주일학교 학생들에게 유익을 제공하였다.

## 한국의 주일학교

한국의 기독교 교육은 기독교의 전래와 함께 이루어졌다. 1884년 미국 북장로교 선교사인 알렌(Horace Allen)의 입국으로 개신교 선교의 사역이 한국 땅에서 이루어지게 되었다. 알렌을 비롯한 선교사들의 초기 사역은 종교적으로나 문화적으로 폐쇄된 한국의 실정에 맞는 전략을 세우는 것으로, 교육, 의료, 교회 설립이 그것이었다. 비록 선교적 차원에서 시작되었지만 한국 기독교 교육이 사회적으로 미친 영향력은 대단한 것이었다.

### 1) 교회 교육

(1) 주일학교의 시작
교회가 설립되는 곳에 주일학교가 개설되고 이곳에서 교인들을 가르치는 역사가 일어났다. 우리나라 주일학교의 효시는 1888년에 서울의 이화학당에서 어린이 12명과 3명의 부인들이 모여 성경 공부를 한 것에서 비롯된다. 1888년 여름에는 배재학당 학생들이 각 곳에 전도를 나가 친구들에게 복음을 전하고 성경을 가르치므로 많은 신자가 생기게 되었다. 1894년 1월 8일 모펫(Moffet) 선교사가 평양에서 22명의 학생으로 학습반을 조직하여 성경과 교리를 가르쳤다. 이때부터 학습반이 유행되었고, 1897년에는 평양의 6개처에서 주일학교가 시작되었다. 이렇게 주일학교가 발전되기 시작하여 전국 각지로 종교교육 운동이 퍼지게 된 것이다. 그 후 거의 대부분의 교회에서 주일학교를 통한 교육이 실시되었고, 1903년부터는 주일학교 교육이 어린이까지 포함하게 되었다.

한국 교회는 1905년까지는 각 교회에서 독자적으로 주일학교를 개설하고 성경공부를 실시하였으며, 교회부설 각급 학교에서도 '초창기 주일학교의 형태'로 다양하면서도 자유로운 분위기에서 신학문과 성경교육을 아울러 실시하였다.

(2) 연합회 조직과 세계 대회

같은 해인 1905년 세계 주일학교 연합회(World's Sunday School Association)의 사무국 위원으로 활약하던 해밀턴(Hamilton) 박사가 내한하여 유년 교육의 중요성을 강조하자 이에 자극을 받은 많은 교회가 유년 주일학교를 설립하게 되었다. 이때 조선 주일학교 연합회 조직까지 논의되었으나 별개의 기관을 신설하는 것보다는 그 사업분야를 '장감 선교 연합회 공의회'에서 관장하는 방향으로 의견을 모으게 되었다.

1911년 4월에는 주일학교 연합회 운동으로서는 매우 획기적인 일이 있었다. 세계 주일학교 연합회에서 특파한 사무국장인 브라운(F. N. Brown)의 자문으로 주일학교 위원회를 조직하기로 하고, 다음 해 2월 1일 첫 모임을 갖고 실행위원 13명을 선출하여 전국적인 주일학교 사업을 지도하도록 하였다. 1922년 11월 1일 한국 주일학교 연합회가 조직되기까지 주일학교 위원회를 선교사 공의회가 관장하여 사업을 진행하였다.

한편 한국 교회 주일학교는 국외적으로 한국의 대표들이 세계 주일학교 대회에 참석하여 세계 주일학교 운동과 호흡을 같이 하면서 유대를 긴밀히 하였다. 1907년 5월에 이탈리아의 로마에서 개최된 제5회 세계 주일학교 대회에 감리교의 윤치호 박사가 참석하여 한국교회를 소개하는 연설을 하여 크게 환영을 받았다. 그때 윤치호 박사가 실행위원의 한 사람으로 선출되었다.

1925년 제2회 전국 주일학교 대회가 서울에서 개최되었다. 이때가 한국 주일학교 운동의 전성기였으며, 1928년 미국 로스앤젤레스에서 열린 제10회 세계 주일학교 대회에 한국 주일학교 대표가 참석하여 1884년 선교사업이 활발하게 시작된 이래 불과 44년밖에 안되는 짧은 역사 가운데서 어떤 피선교국가에서도 찾아볼 수 없는 비약적인 발전이 있어 주일학생이 26만 명이나 되었다는 보고로 참가한 각국 대표들을 놀라게 했다.

해를 거듭할수록 주일학교 운동이 지교회적으로, 교단적으로, 그리고 연합적으로 활발하게 발전되어 가고 있었다. 그러나 나라를 잃고 주일학교 운동도 간섭과 방해와 탄압을 받고 말았으니, 그렇게 많은 사업과 활발한 운동이 전개되던 한국 주일학교 연합회가 1938년 6월 21일 일제의 간섭으로 해체되고, 1940년 이후에는 일제(日帝)의 탄압으로 폐교되는 위기를 겪게 되었다. 그러나 1945년 해방 이후에는 재부흥의 역사가 일어났다.

(3) 주일공과 발행

1905년 선교사 공의회에서 주일학교 위원회를 설치하게 되고 또 이때에 주일공과를 마련하게 됨으로 주일학교에 대한 관심이 궤도에 오르기 시작하였다. 주일학교 위원회는 1912년 이래 매년 2천 달러 후원으로 세계 주일학교 통일공과를 출판하였고, 1919년에는 계단공과까지 출간하였다.

1922년 조직된 주일학교 연합회의 첫 사업은 주일공과를 발행하여 각 교회 주일학교에 보급하는 일이었다. 이때 발행된 공과가 「주일학교 공부」이며, 이것은 1920년 장로회 총회가 세계 주일학교 연합회에서 발행하는 「세계(만국) 통일공과」 사용을 채택할 때까지 계속 사용되었다.

한국 기독교 교육 연구회가 1963년 1월에 조직되어 전국 주일학교와 협력하여 주일학교 교육자료인 「교사의 벗」을 발간하였다. 이 월간지에는 주일학교 공과 해설과 참고자료가 게재되었다. 아울러 어린이 교재까지 펴내어 교사를 위한 공과만 가지고 교육하던 한국 주일학교 교육이 어린이 교재출판으로 내실을 기하게 되었다.

그 후 교회학교 교육 연구회가 1971년 창간한 기독교 계간 잡지를 펴냈다. 이것은 교사들에게 자료제공을 목적으로 실제 현장에서 일하는 교사들이 활용할 수 있는 문제를 다루었고, 교회학교 교육을 담당한 실무자를 중심으로 집필진을 구성한 것이 특색이었다.

### (4) 교사 양성

우리 나라에 주일학교 운동이 시작된 것은 선교사들에 의해서이다. 이들은 무엇보다도 먼저 인재를 양성하는 일을 했다. 한국 교회는 시작에서부터 교육사업이 먼저 이루어져 교회의 시작도, 발전도 주일학교로 말미암았다고 말할 수 있다. 선교사들이 무엇보다도 역점을 두었던 것이 교육사업이었고, 그들은 전국 각처에서 학습반을 조직하여 성경과 그리스도의 교리를 가르쳤다.

도시 교회들은 분반 공부 제도를 사용해 보고자 하였지만 교사들이 없으므로 교사를 양성할 필요를 느끼게 되었다. 1900년에 이르러 평양 남산재교회에 노블 선교사 부인이 사범 반을 두고 주교교사 양성을 시작하였다. 이리하여 약 2~3년 간의 교육을 받은 후 유년 주일학교에 투입된 교사들을 통해 주일학교가 활기를 띠게 되었다.

1916년부터는 한국 교회가 교사 양성을 위하여 힘쓰게 된다. 우선 「각 주일학교 교사 양성법」을 매호 11,000부씩 인쇄하여 각 교회에 배부할 뿐만 아니라 기독신보에도 '주일학교 육성법'을 계속 게재하였다.

그러나 가장 획기적인 사건은 1921년에 일어난다. 제10회 총회는 그해 11월 1일부터 일주간 미국에서 유명강사를 초빙하여 각 노회 주요 도시에서 연합 강습회를 실시하고 다음으로 각 지역별 소강습회를, 마지막으로 인근 교회끼리 주일학교 일반 직원을 상대로 강습회를 실시하는 의견을 결의하였다. 이로서 조직적이면서도 전국적 규모인 방대한 주교교사 양성행사가 진행되었으며, 이런 사업을 통해서 각급 주일학교 교사들의 자질을 향상하게 되었다.

## 2) 기독교 교육의 사회적 측면

### (1) 학교 교육

선교사들은 선교 사역의 일환으로 학교를 설립하였는데 아펜젤러가 1885년 배재 학당을, 언더우드가 1885년 경신 학교를 설립하였고, 스크랜톤 여사가 1886년에 최초의 여성 교육 기관인 이화 학당을 설립하였다. 이와 같은 학교의 설립은 전통적인 재래 교육에서 탈피하여 새로운 교육으로의 진입을 의미하는 것이었다.

선교사들은 전국 각지에 학교를 세웠고, 그 학교들을 통하여 인재 양성과 복음 선교를 시작하였다. 이와 같은 학교 설립으로 한국에서의 학교교육이 구체화되고 일반 학교의 설립에도 촉매제 구실을 하였다. 교회가 설립되는 곳에 학교가 세워지는 교육 구국의 사회적 분위기를 주도한 것이다.

한국 교회의 학교교육은 몇 가지 특징을 가지고 있다. 첫째, 선교사들이 학교 설립의 주체가 되었고 선교의 한 방안으로서 교육 활동을 하였다. 둘째, 신교육의 실시이다. 서구의 교육제도를 도입하여 새로운 방법의 교육을 하였다. 한국 재래의 교육은 유교의 서당을 기초 교육 기관으로 하였으나 기독교 학교들을 통해 서구식 신교육이 실시되었다. 셋째, 여성 교육의 실시이다. 한국에서는 여성을 위한 정규 교육기관이 없었다. 선교사들이 이화 학당을 비롯한 여러 여성 교육 기관을 설립하므로 여성 인재의 양성과 함께 여성들의 사회 진출이 이루어졌다.

### (2) 사회교육

한국의 기독교 교육은 사회교육을 통해서도 강하게 실시되었다. 많은 기독교 기관들이 사회교육을 하였는데 특히 YMCA, YWCA 등이 주축이 되었다. 사회 속에서 그리스도의 사랑을 구체화 하고, 이것을 통하여 그리스도의 복음을 선포하는 노력이 있었다.

기독교 사회교육은 단순히 교육의 차원만이 아니라 사회의 불의와 부정에 대한 진리의 구현이라는 측면에서도 그 의미를 더하게 한다. 사회 속에서 그리스도인의 자세를 분명히 하는 것은 교회와 학교, 그리고 가정과 사회 등 교육의 모든 장(場)에서 하나님의 역사를 이루려는 열망이다.

## 3) 초기 주일학교의 역할과 의의

### (1) 전도인을 양성하는 발판

주일학교는 이 땅에 복음을 전파하는 전도인을 양성하는 발판이 되었다. 처음으로 조직된 남성 주일학교의 학생들은 세례받은 사람들이었고, 이들은 곧 전국 각지로 흩어져 가가호호를 방문하면서 진리의 말씀을 전파하였으며 성경과 기도서들을 배포하였다. 처음에 조직된 여성 주일학교는 이화 학생들이 중심이었으나 1888년 3월에 조직된 주일 저녁 부인집회는 점차로 부인들에게도 성경공부의 기회를 마련해 주는 역할을 담당하였다. 1888년 영어 소동으로 선교 활동이 금지되자 자연히 주일 저녁집회도 중단되었지만 이때에 2명의 기독 여성이 전도부인으로 임명되었다. 이 당시에는 선교사들이 활동할 수 없던 시기였으므로 전도부인들의 역할은 상당한 비중을 차지했다.

전도부인은 한옥을 구입하고 그곳에서 부인들을 모아 놓고 성경을 가르쳤고, 병원에 찾아가서 환자들과 보호자들에게 주님의 복음을 전하였다.

### (2) 여성교육의 신장

당시 우리 나라 여성들의 지위는 말할 수 없이 비참했다. 외부와 고립되어, 남존여비의 사상 아래서 오로지 기계적인 노동과 남아 출산의 의무, 순종만을 강요받은 채 일생을 무지 속에서 살아왔다. 이러한 상황을 직시한 스크랜톤 부인은 이 나라의 가장 급속한 발전을 위해 선결되어야 할 점은 여성들의 교육임을 확신했다. 1886년 5월 30일 개교한 이화 학당에서는 학생들에게 한글과 한문, 영어를 가르치는 것 외에 태도, 청결, 정돈 등의 기본 예절을 교육시켰고 이로 인해 변모해 가는 소녀들의 모습은 이 땅의 여성들에게 새 삶의 탈출구를 제시해 주었다. 이 땅의 여성들이 남성들과 동등한 위치에서 대우를 받는 유일한 곳은 교회였다. 그리스도의 복음은 이들에게 용기와 힘과 희망을 가져다 주었으며, 이들 스스로가 자아를 인식하고 그리스도의 복음만이 자신들을 무지로부터 해방시킬 수 있는 유일한 길임을 깨달았다.

### (3) 한글 사용의 토대

주일학교에서는 한글 사용을 적극 추진하였다. 이 땅에 처음 발을 디딜 때 이미 한글 성경을 가지고 있었던 감리교 선교사들은 초기부터 문서선교에 관심을 두었다. 1886년 마가복음과 교리문답을 번역하여 1887년에 출판하였으며 북쪽 지방으로 이것들을 배포하였다. 이러한 한글 성경과 소책자, 기도서 등이 모두 주일학교 교재로 사용되었다. 이로 인해 기독교 교리와 성경의 지식을 배우기 원하던 초기 기독교 교인들은 자연히 한글에 대한 관심이 고조되었으며, 특히 여성들의 문맹퇴치에 크게 이바지했다. 자유로운 선교활동이 보장되지 않았던 초기 기독교 시대에 위험을 무릅쓰고 진리를 추구하며 모여든 초기 주일학교는 한국 선교사들의 선교 열정과 우리 선조들의 갈급한 복음의 요청이 함께하여 이루어진 신앙공동체였다. 주일학교는 이 땅에 복음을 전파하는 터전이요, 일꾼을 양성하는 산실이며, 이 땅의 여성들에게 광명을 가져다 주는 요소였다.

## 연구를 위한 질문

1. 주일학교가 기독교 교육사에 차지하는 비중은 어떠한지 역사적 견해를 가지고 대답해 보시오.

2. 영국의 주일학교 운동의 효시는 누구를 통해서인가? 그가 주일학교를 성공적으로 이끌게 된 원인을 써 보시오.

3. 미국의 주일학교 운동의 발전과 쇠퇴의 원인을 연합운동의 측면에서 찾아보고 평가해 보시오.

4. 한국의 주일학교의 발자취를 되돌아 보고, 한국 주일학교의 현상태를 진단해 보시오.

오직 너희를 부르신 거룩한 이처럼
너희도 모든 행실에 거룩한 자가 되라
(벧전 1:15)

# 제 2 부

# 기독교 교육철학

그러나 내게는 우리 주 예수 그리스도의 십자가 외에
결코 자랑할 것이 없으니 그리스도로 말미암아
세상이 나를 대하여 십자가에 못박히고 내가 또한 세상을 대하여
그러하니라
(갈 6:14)

# 제3장 기독교 교육철학의 본질과 목적

　주일학교 교육에 있어서 교육과정을 체계화 하고 더욱 견고히 하기 위해서는 공통된 사상 체계를 이룩하는 것이 꼭 필요하다. 그리고 이렇게 하기 위해서는 기독교 철학이 반드시 필요하다. 기독교 철학이 없으면 우리가 어디서 왔는지는 알 수 있으나 어디로 가고 있는지는 모르게 된다. 그러므로 기독교 교육은 기독교 철학의 바탕에서 이루어져야만 바른 교육을 일관성 있게 할 수 있다. 이제부터 다룰 내용은 기독교 교육철학의 기본 개념과 그 적용이다.

## 철학이란 무엇인가?

　파케마(Fakkema) 교수는 "철학은 삶에 대한 일관된 관점"이라고 간단히 정의하였다. 이러한 정의는 견해와 태도의 통합을 의미하며, 통합된 것을 하나로 묶는 하나의 구심점을 중심으로 어떤 체계를 이루게 하는 것을 뜻한다. 글을 쓰는 사람이나 말을 하는 사람에게 가장 중요한 문제가 있다면 그것은 철학이 무엇인가 하는 것이다. 그래서 그의 사상은 그의 사상을 하나로 묶는 요소가 무엇인가에 따라 평가될 수 있다.

## 비기독교 철학에 대한 고찰

현대의 다양한 교육철학에 대한 기독교적 분석과 비판이 필요하다. 이것은 우리들의 교육이 바른 신학적 바탕 위에서 이루어지기 위하여 검증되어야 할 문제이다. 비기독교적 철학사조의 대표적인 것으로는 진보주의 철학의 기초가 된 실용주의와 행동주의 그리고 실존주의 등을 들 수 있다. 이들의 입장을 놀만 하퍼(Norman E. Harper)의 논의를 중심으로 기독교 교육의 관점에서 고찰하고자 한다.

### 1) 실용주의

20세기 미국 교육에서 가장 큰 영향력을 발휘한 것은 '실용주의' 교육철학이다. 교육 분야의 전문서적들 중 대부분은 실용주의적 문헌들이다. 이 사상의 근원은 고대에서 시작되어 왔지만 이것을 체계화한 것은 존 듀이(John Dewey)이다.

실용주의의 첫 번째 기본 개념은 자기 자신의 경험만이 인간에게 있어서 실재(實在)라는 것이다. 실용주의자들은 자신의 경험 이상의 것은 전혀 없다고 믿기 때문에 초경험적 실재를 부인하고 초자연적인 것을 부인한다. 듀이처럼 초자연적인 것에 대하여 불가지론적인 입장을 취하게 된다. 그에게 있어서 최종 주제는 신적 계시가 아니라 과학적인 방법이다. 그래서 인간, 즉 전인(whole man)에 대한 입장도 하나님의 형상으로 만들어진 인격적인 존재로 보는 것이 아니라, 오래 지속되어 온 진화의 산물로 본다. 실용주의자들에게 있어서 인생의 목적은 경험을 풍성히 하는 것이며, 그렇게 함으로 그 경험을 더 풍성히 할 수 있는 가능성을 찾는 것이다. 그래서 듀이는 "교육이란 경험의 끊임없는 재구성으로 이해되어야만 한다"고 주장한다.

기독교 교육자가 무비판적으로 실용주의의 토대 위에 자신의 신학을 세우게 되면 종교적 경험만을 강조하게 되고 건전한 교리의 중요성을 무시하는 경향을 갖게 된다. 그래서 학생들로 하여금 어떻게 주

예수 그리스도께 봉사하도록 양성할 것인가 하는 것보다는 어떻게 하면 학생들의 종교적 경험을 해 줄 것인가에 관심이 쏠리게 된다. 결국 인간의 궁극적 목적이 경험의 충족에 있는 것처럼 말한다.

　실용주의의 두 번째 기본 원리는 인간의 모든 문제에 대해서 과학적 방법이 적용되어야 한다는 주장이다. 그들은 개인의 삶을 하나의 계속적인 운동이라고 본다. 따라서 모든 것이 잘 진행되면 아무런 문제가 없다. 그러나 계속적인 경험이 장애를 만났을 때는 문제가 된다. 이때 뒤따르는 경험에 영향을 미칠 행동을 해야 하는 위기의 순간이 오는데, 개인의 경험이 문제에 부딪히게 되었을 때, 그가 만일 그 상황의 모든 사실들을 잘 살펴보고 지성을 사용하여 잘 대응한다면 그것은 문제를 적절히 다룬 것이라고 할 수 있으나 모든 상황에서 다 그렇게 대처할 수는 없다. 특정한 문제에 과학적 방법을 적용함으로써 얻어지는 이러한 지식은 비슷한 문제들에 부딪히게 될 때 도움을 주게 되지만, 그것이 모든 상황에 적용되는 절대적인 진리일 수는 없다. 그러므로 과학적 방법을 사용해서 얻어진 지식보다 더 중요한 것은 과학적 방법을 사용함으로 얻어지는 기능이다.

　요약하면, 실용주의자들은 인간이란 생동하는 유기체로서 자신의 경험만이 유일한 실재(reality)이고, 그 경험의 풍부와 증대만이 최종의 목표라는 가정에 근거해서 교육 이론과 실제(practice)를 발전시키고 있다.

## 2) 행동주의

　행동주의 심리학자 스키너(B. F. Skinner)는 「자유와 위엄을 넘어서」라는 저서를 통하여 세계적 명성을 얻은 학자이다. 그의 대표작인 이 책은 그의 교육철학을 기록한 것으로써, 인간의 본성과 가치판단의 근거에 대하여 논하고 있다.

　스키너에 있어서 인간이란 자의식적인 존재가 아니며, 자아(self)란 '주어진 사건에 대한 적절한 행동의 목록'이다. 즉 인간의 사고, 꿈, 느

낌을 포함한 인간의 개인적인 내면 세계도 외부 세계와 똑같은 자연이라는 것이다. 그래서 스키너는 '자율적인 인간'이란 말을 사용하는 것을 자주 비판한다. 심지어 그는 이 개념이 인류의 생존을 위협하는 것이라고까지 말하고 있다. 그에 의하면, 비둘기와 인간의 차이점이 있다면 그것은 비둘기는 단순한 동물의 생활을 하는 반면, 인간은 보다 복잡한 형태를 가지는 동물이라는 점뿐이다. 즉 인간이나 동물을 막론하고 어떤 행동이 있다면, 그것은 환경적 조건에 의해 규정된 행동이라는 것이다. 그러므로 행동주의자들에 의하면 그 원인이 되는 자극만 알고 있으면, 그것에 따라오는 반응을 예상할 수 있다는 것이다. 과학자는 행동공학을 사용해서 태어난 아이가 목사가 될 것인지, 사업가가 될 것인지, 또는 교육가가 될 것인지를 원하는 대로 되도록 하는 프로그램을 작성할 수 있다고 한다.

그렇다면 인간의 행동 과정을 분석하고 평가하는 기준은 무엇인가? 적어도 그 기준이 절대적인 기반을 가졌을 때 행동주의자들의 이론은 어느 정도 타당성을 지닌다. 그러나 프란시스 쉐퍼(Francis A. Schaeffer)는 행동주의 과학자를 "실험실에 하얀 가운을 입은 사람들도 타락한 결점 투성이의 인간"이라고 지적한다. 즉 그들도 실수할 수 있는 인간이라는 것이다. 인간이 행동주의자가 말하는 것과 같이 환경에 의해서 조건화 되는 공허한 유기체라면, 행동주의 과학자도 인간이기 때문에 이 유기체의 한계에서 벗어날 수는 없다. 그러므로 행동주의 과학자만이 조건 반응의 과정을 지적으로 분석하고, 자신들의 선택에 따라 인류를 조작하는 방법을 사용할 수 있다는 것은 불가능하다.

### 3) 실존주의

20세기 대표적인 철학 사조 가운데 하나가 실존주의다. 그것은 형식적 철학보다는 문학과 예술에 밀접한 관계를 가진다. 이것은 의심할 여지없이 일차적으로 지성에 관심을 두기보다 인간의 정서에 깊은 관심을 두는 철학이다. 실존주의는 다른 철학적 입장들과는 달리 어떤

'학파'로서가 아니라 개인주의적 경향이 중심을 이루고 있다.

실존주의의 뿌리는 쇠렌 키에르케고르(Soren Kierkegaard)와 프레드리히 니체(Friedrich Nietzche)의 저서들 가운데서 발견된다. 실존주의의 철학적 입장을 키에르케고르는 다음과 같이 몇 가지로 규정하고 있다.

첫째, 실존은 본질에 앞선다. 실존하는 외톨이는 자유스럽고, 자발적이며, 내면적인 행위를 통하여 가능성으로부터 현실성으로 계속해서 움직여 가고 있다. 그러므로 그는 결코 완결될 수도 없고 완성되지도 않는다. 실존주의자는 교육적 결정에 있어서 실용주의의 주관주의를 넘어선다고 볼 수 있다.

둘째, 진리의 주체성 강조이다. 키에르케고르는 '진리는 주체성'이라고 선언하고, 또 표현을 바꾸어 '주체성이 진리'라고 주장한다. 진리의 주체성은 진리의 내용인 '무엇에'보다는 '어떻게'를 강조하는 실존주의자들의 강조에서 드러나는 것이다.

셋째, 역설(paradox)의 개념이다. 참된 모든 진리는 실존하는 개인의 입장에서 볼 때 역설적이며, 그 역설을 합리적으로 설명하려는 어떤 시도도 모두 실재를 부인하는 것이 된다.

넷째, 참된 실존(authentic existence)에 대한 강조이다. 키에르케고르에 있어서 선과 악이란 고정된 가치가 아니다. 또한 어떤 절대적이고 객관적인 도덕적 규범으로 규정할 수 있는 것도 아니다. 핵심적 윤리의 문제는 개인이 참된 실존 양식을 가지려 하느냐, 아니냐 하는 것뿐이라고 한다. 참된 실존을 하는 것은 자신의 모습에 상관없이 자신을 선택한다는 것이며, 그 선택은 개인에게 달려 있다는 것이다. 그러므로 교사가 할 수 있는 유일한 일은 '선택해야 할 것을 명백히 하기 위해서 상황을 분석해 주는 일'뿐이라는 것이다.

## 기독교 철학을 세워야 할 필요성

위에서 말하고 있는 비기독교적 교육철학과 같이 사방에서 우리를 몰아세우고 있는 거짓 철학의 도전에 대처하기 위해서는 성경에 밝혀져 있는 참된 교육철학을 이룩할 필요가 있다. 우리가 공통된 사상 체계를 이룩하는 것은 현대 교육철학의 다양한 주장들에 대해 기독교적 교육철학의 입장에서 조명하며, 기독교 교육 활동을 보다 견고하게 하고 궁극적인 목적을 하나로 모으는 데 꼭 필요한 일이다. 기독교 교육을 전개할 때 그 궁극적인 목적을 분명히 하지 않으면 어디서 출발했는지는 알지만 어디로 가는지는 모르게 된다.

통일된 기독교 철학이 우리의 기독교 교육에 미치는 영향은 결코 과소평가할 수 없다. 왜냐하면 철학은 삶의 목적을 정의하고 이 목적에 이르기 위한 방법을 결정하기 때문이다. 또 그 철학에 따라 가르치고 학생들은 가르침을 받은 대로 생각하기 마련이다. 그 사람의 사람됨은 곧 그 사람이 마음 속으로 생각하는 것과 같다. 그렇다면 이처럼 사람됨의 근원인 철학을 어찌 소홀히 할 수 있겠는가?

오늘의 철학 이론은 곧 내일의 실제(practice)이다. 교육은 철학의 처방에 따라 약을 쓴다. 따라서 처방이 틀리면 교육을 하지 않는 편이 더 낫다. 처방이 틀린 교육은 학생의 도덕적 건강을 해칠 뿐이다. 교육철학은 삶에 대한 열쇠이다. 어떤 열쇠는 절망과 당혹, 죽음과 지옥으로 인도하는 문을 열고 또 어떤 열쇠는 하나님의 손에 의해 믿음과 소망, 생명과 평화로 인도하는 문을 여는 데 쓰인다. 그러므로 기독교 교육철학이 없으면 우리가 믿고 가르치는 것에 대한 충분한 근거를 제시할 수 없다.

## 기독교 교육철학의 정의

기독교 교육철학의 정의는 다음과 같은 두 개의 질문에서 밝힐 수 있다. 첫째, 기독교 교육철학의 본질은 무엇인가(What is it?)와 둘째, 그 목적은 무엇인가(What is it for?)이다.

기독교 철학은 하나님을 궁극으로 삼고 모든 만물이 하나님을 중심으로 상호 연관을 맺는 것이다. 어떤 철학이든 상상의 세계 속에서 모든 만물을 통일시키고자 하는 노력이 있다. 철학은 만물을 아무런 질서 없이 집합하는 것이 아니라 만물의 상호작용을 해설하는 것을 의미한다. 그러므로 교육은 해설의 과정이라 볼 수 있다. 교육을 통하여 알지 못하는 것을 찾고자 하는 것이 아니고, 이미 알려져 있는 것을 알도록 하는 데 있다. 하나님이 창조하신 것을 그대로 나타나게 하는 데 있는 것이다.

인류는 여러 해 동안 우주와 자연 만물을 연구해 왔고, 지금까지 많은 업적들을 남겼다. 그런데 실질적으로 이러한 업적들은 하나님의 섭리 가운데 이루어진 것으로 보아야 한다. 왜냐하면 모든 인간의 발견은 창조시 하나님의 생각과 지혜를 재발견하는 것에 지나지 않기 때문이다. 그러므로 철학은 하나님의 지혜와 섭리에 대한 재발견에 지나지 않는다.

파케마는 기독교 철학을 "기독교 철학은 하나님을 궁극적인 원천으로 삼고 하나님이 중심 된 모든 만물의 전체를 바로 알고 사랑(romance)하는 것이다"라고 정의하였다. 이 정의는 세 요소로 구성되어 있다.

### 1) 철학은 사랑이다.

남녀간의 사랑은 둘이 하나가 되는 것이며, 결국 결혼이라는 결실을 보게 된다. 참 결혼은 두 사람의 연합인 것이다(창 2:24, 막 10:7~9). 철학은 사랑 중의 사랑이다. 즉 모든 사물을 하나의 사상 체계로 묶는 것이 철학인 것이다.

### 2) 철학은 모든 것을 전체로, 종합적으로 보는 것이다.

철학은 다양성 가운데서 통일성을 발견해야 한다. 그래서 탈레스(Tales)로부터 존 듀이(J. Dewey)에 이르기까지 모든 철학자들이 사물을 통합하려고 애썼던 것이다.

### 3) 하나님은 궁극자이시다.

모든 사물을 전체적으로 보려면, 모든 것을 하나의 사상 체계로 묶을 수 있는 '기준점'(a point of reference)이 필요하다. 모든 사물을 통합할 수 있는 이 기준점이 바로 궁극자(the Ultimate)이다. 이것은 제1실재(Primary reality), 또는 제1원인(First cause)이라고도 표현할 수 있다. 모든 피조물은 제2실재(Secondary reality)인 셈이다. 기독교 철학에 있어서 궁극자는 오직 하나님뿐이다.

그러면 세속 철학과 기독교 철학의 차이는 무엇일까? 세속 철학은 궁극적 목적을 인간에게 두고 기독교 철학은 하나님께 그 궁극적 목적을 두는 것이다.

| 세속철학 | 기독교 철학 |
|---|---|
| 사람<br>소<br>풀<br>흙 | 하나님<br>사람<br>소<br>풀<br>흙 |

이처럼 세속 철학에서는 인간을 최고 위치(the Ultimate)에 놓고 세상의 질서를 유지하려는 것이고, 기독교 철학은 유일신 하나님을 최고의 위치에 놓고 세상의 모든 질서를 유지하려는 것이다.

## 연구를 위한 질문

1. 철학을 자신의 말로 정의해 보시오.

2. 실용주의 교육철학이 기독교 교육에 있어서 어떤 위험성을 가지고 있는지 말해 보시오.

3. 행동주의 심리학자인 스키너는 자아에 대해서 어떻게 말하고 있는가? 스키너의 이론과 같이 우리의 삶이 형성될 수 있는지에 대해 말해 보시오.

4. 키에르케고르는 네 가지 입장에서 자신의 철학을 말하고 있다. 그 내용을 찾아 그것이 가지는 장·단점을 말해 보시오.

5. 우리는 기독교 철학의 필요성을 느끼고 있는가? 느끼지 못한다면 기독교 철학을 세워야 할 필요성에 대해 다시금 읽어 보시오. 만약 느낀다면 어떠한 면에서인가 토의해 보시오.

6. 세속 철학과 기독교 철학의 차이점을 간략하게 설명해 보시오.

# 제4장 기독교 교육철학의 기본적 개념

## 기독교 교육철학의 기초 개념

### 1) 창조된 인간관

성경에 따르면 인류를 포함한 모든 세계는 하나님의 말씀으로 창조되었다. 창조는 크게 비이성적 물질계의 창조와 이성적 인간의 창조 두 가지로 나뉜다.

첫째로, 비이성적 물질계의 창조 목적이 무엇인지 알아보자. 창조된 세계에 대한 잘못된 일반적인 개념이 있다. 그것은 진화론과 자연신론(deism)이다. 그러나 창세기에 기록된 대로 항상 종류대로 수정(受精)되고 번식하는 것이지 결코 다른 종류로 변질되어 갈 수 없으므로 진화는 비성경적 견해이다. 또한 천지만물은 하나님께서 창조하셨고 섭리하고 계신다. 그런데 자연신론과 같이 하나님의 목적을 성취한 자연법칙이 있다고 해서 하나님을 중립적 방관자로 몰아버리는 것은 잘못이다.

그러면 비이성적인 피조물의 목적은 무엇인가? 그것은 우리 하나님의 영광을 전적으로 나타내는 데서 그 본질을 찾을 수 있다. 인간들은 비이성적인 피조물을 통해 그의 영광을 반영시켜야 됨을 엿볼 수 있다. 그러므로 창조의 목적은 최고로 영광스러운 하나님의 보편적 속성을 나타내 보여 주기 위함이다.

둘째로, 이성적 피조물인 인간의 창조에 대해서 알아보자. 이성적 피조물인 인간은 어떤 존재인가? 성경은 인간이 외적 형상이 아닌 내적 존재임을 말하고 있다. 인간들은 인간 자체를 외모로 판단하나 하나님께서는 인간을 외모로 보시지 않고 중심을 보신다(삼상 16:7). 하나님께서 인간을 창조하실 때 자기의 형상대로 창조하셨다(창 1:26). 하나님께서 인간을 자기의 형상대로 창조하셨다는 것은 눈으로 보이는 외적 형상보다는 그 중심인 내면을 중요시하여 창조하셨다는 것을 의미하는 것이다. 아브라함 카이퍼(Abraham Kuyper)는 그의 저서 「성령의 역사」에서 '하나님의 형상대로 창조됨'을 "속사람의 참된 모습을 통해 하나님의 형상을 잘 전시해 주기 위함"이라고 설명하였다.

### 2) 타락된 인간관

하나님의 형상대로 지음을 받은 인간은 자유의지를 가진 존재다. 하나님은 이들에게 선악과의 명령을 내리시는데 이것은 자유의지를 방관하지 않으시는 하나님의 주권적인 사역을 의미하는 것이었다. 그러나 인간은 선악과의 명령을 어기게 되었고 이것은 하나님의 주권적인 사역을 무시한 결과가 되었다. 다시 말해 그들은 죄를 짓게 된 결과로 타락하게 된 것이었다. 따라서 모든 인류는 죄인이 된 것이다.

범죄로 타락한 결과로 인류는 영적으로 사망에 이르게 되었고, 성경은 이 사실을 잘 설명해 주고 있다. 영적으로 소경과 같이 보지 못하는 자들이 되어 서로 많은 실수와 범죄를 할 수밖에 없게 되었다. 결국 선을 행하기에는 더디고 악을 행하기에는 빠른 성향을 가지게 된 것이다.

타락한 인간 자신은 죄악으로 말미암아 구원의 필요를 느끼지도 못하고 인간 자신의 힘으로는 구원에 이르지 못하게 되었다. 그러므로 하나님께로 돌아갈 수 있는 유일한 길은 하나님의 특별하신 은혜가 아니면 불가능하게 된 것이다.

### 3) 구속된 인간관

타락된 인간의 구원은 인간의 힘으로는 바랄 수도 없고 이룰 수도 없다. 구원의 길은 인간의 행위나 노력에 의한 것이 아니고 오직 하나님의 은혜로 말미암은 것이다. 구속함을 받은 인간관이 교육적으로 미치는 영향을 살펴보면 다음과 같다.

첫째로, 학생들이 하나님의 구속함을 받아 하나님의 뜻에 따라 생각할 수 있게 된다. 또한 학생들이 체계적인 권위에 그때마다 순종할 수 있게 된다. 역시 구속받은 학생들은 하나님 보좌에 나타나는 하나님의 속성을 볼 수 있게 된다.

둘째로, 교사도 구속된 학생들과 마찬가지로 하나님께서 창조하신 만물 가운데서 하나님의 속성을 볼 가능성이 있게 된다. 구속함을 받은 교사는 학생들을 위해 기도할 수 있게 되고, 또한 사랑할 능력을 얻게 된다. 구원받은 교사는 빛 속에서 빛 자체로서 비추게 되며, 또한 학생들을 빛으로 인도하게 되는 유능한 지도자가 될 수 있게 된다. 그 다음이 교재이다. 아직도 이 지상은 완전히 회복되어 있지 않기 때문에 타락 전처럼 하나님의 사람에게만 말씀을 하신다. 그 말씀은 하나님께서 우리에게 주신 성경인데, 하나님은 성경을 통하여 계속 우리에게 말씀하고 계시는 것이다. 따라서 구속된 교사나 학생이 사용하는 교재의 중심은 성경말씀이다.

## 형상 개념 (Image Idea)

미국 건국 초창기의 유력한 지도자였던 아담스(Samuel Adams)가 말하기를 "기독교의 중심 교리는 인간이 하나님의 형상대로 창조되었다는 것이다"라고 하였다. 여기서 말하는 '하나님의 형상 개념'이 기독교 철학의 중심이 되는 것은 무엇을 뜻하는가?

첫째, 하나님은 '만유의 주'이시며, 피조물인 인간은 '만유의 주'이신 자의 형상을 나타낸다. 사람이 누군가의 형상이라는 것은 그 사람이 그 자체로만 보면 아무것도 아니며 사람을 있게 한 원형(origin)이 따로 있다는 말이다. 이것은 거울에 자신의 모습을 비춰 보면 알 수 있다. 거울 속에 있는 자신의 형상은 거울 앞의 자신의 원형에 의지하고 있다. 마찬가지로 하나님의 형상인 우리는 하나님과 아주 밀접한 관계를 가지고 있으며 의존적 존재임을 알게 된다. 사람이 받아 소유하고 있는 모든 것은 하나님께로부터 받은 것이므로 하나님께 기초를 둘 뿐이다. 인간에게 무엇인가 존재하고 있는 것이 있다면 그것은 원형이신 하나님께로부터 온 것이다. 인간이 소유하고 있는 지적 능력이나 문화적인 능력, 또한 모든 것은 인간이 주인이라고 할 수 없고 하나님께서 청지기로 맡기신 것들이다.

그러나 동시에 사람은 자율적인 존재이다. 사람은 하나님을 드러내되 기계적이지 않고 자기 스스로 온 마음을 다해야 한다. 이것이 자연만물과 인간의 차이점이다.

둘째, 아담은 우리의 원형(Prototype)이 아니다. 이 형상 개념을 타락 전의 사람에게만 국한시키는 학자들이 적지 않다. 이것은 '실낙원'(Paradise Lost)에 그 바탕을 둔 철학이다. 타락 이전의 아담을 따라 형상 개념을 이끌어 내는 것은 죽은 자 중에서 산 자를 찾는 것과 마찬가지다.

형상 개념에 대하여 올바른 견해를 얻기 위해서는 '복락원'(Paradise regained)과 연관시켜 생각해야 한다. 그러나 이 복락원은 스스로의 노력으로 하나님 앞에 칭찬받을 만한 일을 함으로써 이루어지는 것이 아니다. 성경 말씀에 "의인은 없나니 하나도 없으며"(롬 3:10)라고 하셨고, 인간의 최선을 다하는 수고는 "더러운 옷"(사 64:6)과 같은 실정임을 부인할 수 없기 때문이다.

그러면 우리는 어떤 상태인가? 사람이나 다른 피조물들이 모두 죄의 저주 아래 있게 되었다. 곧 저희가 하나님의 진리를 거짓 것으로 바꾸어 피조물을 조물주보다 더 경배하고 섬기는 상태로 되었다. 그러나 하나님은 영원히 찬양 받으실 분이시다. "피조물이 다 이제까지 함께 탄식하며 함께 고통을 겪고 있는 것을 우리가 아느니라"(롬 8:22). 모든 피조물은 하나님의 구속을 기다리며 고통 가운데 있는 형편이다.

셋째, 구원받은 자는 하나님의 완전한 형상이신 자(그리스도) 안에 있다. 구원받은 자들은 '그리스도 안에' 있다. 그리스도 안에 있다는 것은 곧 하나님의 영광의 광채시요 그 본체의 형상이신 자 안에 있다는 말이다(히 1:3). 하나님의 완전한 형상이신 자와 동일시된다는 것은 그의 형상적 삶을 같이 누리는 것을 뜻한다. 믿음으로 그리스도와 연합된 우리는 죄에 대해서 그리스도 안에서 십자가에 못박히고 새 생명 가운데서 그와 함께 다시 살아났다. 즉 우리 자신들이 죄에 대하여는 죽고 그리스도 안에서 하나님께 대하여는 살게 됨을 인식해야 한다.

그러므로 하나님의 형상과 모양대로 창조된 우리의 참 모습은 첫째 아담 안에서가 아니라 둘째 아담, 곧 그리스도 안에서 찾아야 한다. 첫째 아담 안에서는 모두가 죄인이지만, 둘째 아담 안에서는 믿음으로 성도가 되는 것이다. "한 사람(첫째 아담)이 순종하지 아니함으로 많은 사람이 죄인 된 것 같이 한 사람(그리스도, 둘째 아담)이 순종하심으로 많은 사람이 의인이 되리라"(롬 5:19).

확실히 첫 창조시에 우리 인간이 하나님의 형상대로 창조되었던 것과 같이 죄로 인해 파괴되었던 하나님의 형상이 그리스도 예수로 말미암아 재창조 받게 된 것이다. 그러나 하나님의 형상대로 재창조 받게 되었다 하더라도 재창조된 인간에게 의존할 수는 없다. 오로지 구속적 사역을 완수하신 그리스도와, 그리스도가 십자가에 못박히시어 돌아가셨다가 다시 부활하신 후에 강림하신 성령에 의존할 수밖에 없다. 그러므로 그리스도의 부활은 우리의 부활이 되고 그리스도의 구속은 우리의 구속이 되는 것이므로 그리스도를 믿고 의지해야 됨을 재천명하는 것이다.

넷째, 기독교 철학은 그리스도로 말미암아 하나님과 하나 되는 것(Union with God)에 기초한다. 우리의 기독교 철학은 그리스도를 출발점으로 삼는다. 이것은 바울의 가르침일 뿐만 아니라 우리 주님의 가르침이기도 하다. 십자가에 못박히시기 전날 밤에 겟세마네 동산에서의 기도를 주시해 보면 더욱 그 원리를 깊이 이해할 수 있다.

주님께서 부활하신 후 막달라 마리아에게 하신 말씀을 보면, "너는 내 형제들에게 가서 이르되 내가 내 아버지 곧 너희 아버지, 내 하나님 곧 너희 하나님께로 올라간다 하라"(요 20:17)고 하셨다. 이 말씀에서 내 형제라고 하신 것은 제자라고 한 것보다 더 친밀하고도 유기적인 관계가 내포되어 있다. 즉, 영적으로 하나가 되었다는 사실이 실감나는 말씀이다. 구원받은 이들은 그리스도 안에서 하나님의 자녀로 한 가족이 되었다는 것을 의미한다. 이 사실은 믿음으로써만 받아들일 수 있다. 기독교 철학은 '그리스도 안에' 있는 자의 인생관(view of life)이다. 즉, 자기의 생명이 그리스도와 함께 하나님 안에 있는 자, 곧 그리스도가 자기의 생명인 자의 인생관이다(골 3:1~4). 믿는 자의 생명과 동일시 되는 이 그리스도는 바로 '보이지 않는 하나님의 형상'(골 1:15)이다. 이와 같이 그리스도 안에 있는 믿는 자는 타락 전의 사람보다 더 좋고 새로운 하나님의 형상이다.

우리는 그리스도와 하나 됨으로, 곧 보이지 않는 하나님의 형상과 하나 됨으로 아담 안에서 잃어버렸던 것을 다시 되찾게 되었다. 그뿐만 아니라 그리스도 안에서 다시 찾은 하나님의 형상은 아담이 누렸던 것보다 훨씬 더 좋다. 그러므로 그리스도와 하나된 우리들의 철학은 아담의 철학이 아니라 그리스도의 철학이다.

다섯째, 기독교 철학은 '동일성'에 바탕을 둔 철학이며 결코 유사(Anology)한 것에 바탕을 둔 철학이 아니다. 기독교 철학은 믿는 자들이 하나님의 완전한 형상이신 그리스도와 동일하다는 것에 그 바탕을 두고 있다. 유사성이 아닌 동일성이 그 기초인 것이다. 기독교 철학은 하나님의 완전한 형상인 그리스도와 결합된 확증 안에 뿌리를 깊이 박고 있는 까닭에 믿음으로 새로운 생활을 시작하게 되는 것이다. 벌카우어 박사(Dr. G. C. Berkouwer)는 「하나님의 형상인 인간」(Man the image of God)에서 다음과 같이 말하고 있다.

"하나님의 형상은 그리스도 안에서 구속된 형상으로 깊이 생각하게 되므로 이 형상은 유사성에 근거한 문제로 생각할 수 없다. 이 형상은 그리스도로 말미암아 하나님께 향한 새로운 관계로써 서술할 수 있는 새 생명으로 충만한 것으로 사려되기 때문이다. 새 생명은 위로부터 하나님에게서 새로 태어나는 것이다. 곧 물과 성령으로 거듭나는 것이다(요 3:3). 이 새 생명 안에서 우리는 하나님의 형상대로 재 창조된다."

그러므로 우리가 하나님의 형상인 것은 우리가 하나님의 형상대로 창조된 아담의 후손이어서가 아니라 하나님의 형상의 기원은 아담 이전까지 거슬러 올라감을 알 수 있게 된다. 우리의 철학은 그리스도 안에서 이루어져야 하고 이 철학의 바탕 위에서 교육의 방향성이 결정되어야 한다.

## 연구를 위한 질문

1. 기독교 교육철학의 세 가지 기초 개념을 간단히 말해 보시오.

2. 형상 개념을 통해 우리가 소유한 하나님의 형상의 원형은 어디에서 찾아야 하는가? 아담인가, 그리스도인가, 아니면 다른 어떤 것인가?

# 제5장 기독교 교육철학의 내용

기독교 계통의 학교들이나 주일학교 교육에 있어서 가장 큰 필요는 진정으로 기독교다운 철학적 바탕을 수립하는 일일 것이다. 교육철학은 일반 철학과 특별하게 구분되지 않는다. 교육철학 체계를 이해하기 전에 철학의 기본적 개요에 관하여 배우는 것이 매우 중요하다. 이것을 위하여 전통적 철학 사상과 현대 철학 사상을 분석하는 데 있어서 사용했던 것과 동일한 형식인 형이상학, 인식론, 가치론의 범주로서 기독교 교육철학을 분석하고 이해하도록 하겠다.

## 형이상학

형이상학은 실재(reality)의 본질을 다루는 철학의 한 영역이다. "궁극적으로 실재적인 것은 무엇인가?"라는 것이 형이상학을 연구할 때 최초로 던져지는 질문이다. 언뜻 보기에는 실재에 대한 질문이 너무도 간단한 것으로 여겨질 수 있지만 깊이 사고할 때 자신이 가지고 있는 실재에 대한 기본적인 개념들의 차이를 가지고 있음을 알 수 있게 된다.
 예를 들어, '당신이 서 있는 마루의 실재가 무엇인가?'라는 질문을 받게 되었을 때를 생각해 보라. 그것은 특정한 색깔을 지니며 나무나 콘크리트 등과 같이 특정한 물질로 이루어졌으며 또 그것은 당신의 체중을 지탱한다고 생각할 수 있다. 일견(一見)으로는 이것이 당신이 서 있는 마루의 실재라고 할 수 있다. 그러나 물리학자가 만약 마루의 실재에 대한 질문을 받았다고 한다면, 그는 마루가 분자로 구성되었고 그 분자는 원자로 구성되었으며 원자는 전자, 양자, 중성자로 구성되었고 이것들은 결과적으로 전기 에너지만으로 구성되었다고 대답할 것이다. 그에게 실재로서의 마루는 분자운동의 온상인 것이다. 세 번째로, 마루의 실재에 대한 견해를 화학자에게 묻는다면 그에게 마루는 특정한 방식으로 연결되어 있고 또 열, 냉기, 습기, 건조 그리고 산화와 같은 특정한 환경적 영향에 복종하는 일종의 탄화수소 덩어리라고 말할 것이다. 이처럼 실재에 대한 질문이 언뜻 보기에 느꼈던 것처럼 그렇게 단순하지 않다는 사실은 분명하다. 마루의 실재가 이렇게 혼동스러울 정도로 많은 것이라면 우주의 궁극적 실재를 연구함에 있어서 만나게 되는 보다 큰 문제들의 경우에는 얼마나 복잡할 것인가?

그러나 기독교 교육철학에 있어서 형이상학에 무엇보다 관심을 두는 것은 실재에 관한 성경적 견해를 수용키 위한 논리적 근거를 수립해야하기 때문이다. 그 결과 추론의 방향은 인간의 의미 추구, 그리스도 안에서의 하나님의 자기 계시와 실재에 대한 성경적 견해의 요약으로 서술할 수 있을 것이다.

## 1) 인간의 의미 추구에 대한 형이상학적 견해

모든 사람이 직면하는 가장 근본적이면서도 피할 수 없는 관찰은 복잡한 환경 속에 있는 개인의 실재와 인간 실존의 수수께끼이다. 무신론적 성향을 가지고 있는 실존주의자 장-폴 사르트르(Jean-Paul Sartre)는, 기본적인 철학적 문제는 아무것도 존재하지 않는다는 것보다 무엇인가 존재한다는 것이라고 말함으로써 이 문제를 제기했다. 프란시스 쉐퍼(Prancis Schaeffer)는 이러한 사상을 숙고하면서 "철학이라고 불리는 것 중 그 어떤 것도 무엇이 존재한다는 사실의 문제를 제쳐 놓을 수 있는 것은 없다"고 했다. 인간은 끊임없이 자기 존재와 실존의 사실에 직면한다. 실존을 부인하려는 노력조차도 실상은 인간이 추론과 가정, 그리고 추측을 통하여 자기 실존을 확인하는 결과가 된다. 인간은 자기가 존재하는 우주를 살필 때 몇 가지 사실을 발견하게 된다.

첫째, 자기가 존재하는 환경이 '지성적'이라는 사실이다. 인간은 미치광이처럼 아무렇게나 운행되거나 불규칙적으로, 불확실하게 움직이는 우주에 살고 있지 않다. 오히려 우주는 명백히 발견될 수 있고, 의사 소통이 가능하고, 예측이 가능한 지속적 법칙들에 의하여 움직이고 있다. 현대 과학은 이 확실성에 근거하고 있다.

둘째, 사려 깊은 사람은 우주의 기본적 본질이 인류를 비롯한 모든 형태의 생명체에 우호적임을 지적한다. 만일 그것이 근본적으로 우호적이지 않다면 생명이 계속 존속할 수 없을 것이다. 비교적 연약한 생명체에 비우호적 생활 환경이 끊임없이 도전해 오고 괴롭힌다면 생명체는 사라지고 말 것이다. 인간의 눈에는 자연 세계가 음식, 물, 온도, 빛 등과 같이 생명을 지속시키는 데 필수적인 요소들을 제공하는 것으로 보인다. 그러므로 생명이 계속 존재한다는 사실은 근본적으로 친근성을 지닌 우주의 모습을 잘 보여 준다는 말이다.

셋째, 위에서 언급한 우주의 지성적인 면과 친근성에 밀접히 관련된 것이 존재의 목적성이다. 인간 환경의 목적성은 인간의 일상 생활 속에 있는 거의 모든 것이 어떤 목적을 지니고 있다는 사실로 입증될 수 있다. 인간 존재는 목적을 상실할 때 그 존재 의미를 상실하고 만다. 인간의 삶은 내적으로, 외적으로 목적이 없을 때 더 이상 존재하지 않는다.

넷째, 인간이 주목할 또 다른 면은 인간 존재가 인격성을 지닌다는 것이다. 인간은 우주라는 거대한 기계 속에서 서로 바꿔 끼울 수 있는 부속품이 아니라 개체성을 지닌 존재이다. 만약 개체성이 말살된다면 인간은 보다 비인격적인 존재가 될 것이다. 인간은 다른 인간과 다를 뿐 아니라 다른 형태의 생명체와도 다르다. 인간은 추상적 상징을 다룰 수 있다. 단순히 자극과 환경에 기계적으로 반응하지 않고 창의적으로 사색하는 능력을 가지고 있다. 마지막으로 인간은 또한 자신들이 명백하게 무한한 우주 가운데 존재하고 있음을 알 수 있다. 이처럼 인간은 지성, 친근성, 목적, 인격, 무한성의 국면을 지닌 실재로 이해되어질 수 있다.

인간이 자신의 인간 존재 문제를 피할 수 없고, 시간과 공간의 무한성과 그 복잡성을 보거나 '존재'의 질서 정연함을 인식하게 될 때, 인간의 삶과 우주의 존재에 대한 의미의 문제에 부딪히게 된다. 역사를 통하여 볼 때 인간은 의미의 문제를 피할 수 없었다. 많은 사람들이 다양한 방법으로 이 문제를 해결하려고 노력해 왔다. 이러한 노력들은 결과적으로 하나님의 존재하심에 대한 궁극적인 분위기를 조성해 주게 되었다. 창조주 하나님에 대한 존재는 증명될 수 없지만 존재하지 않으심도 증명할 수 없다. 그러나 그분이 존재하신다는 결론은 우연과 필연과 적응을 위한 반응, 그리고 무(無)의 손에 남겨 두고 마는 그 반대의 결론보다 훨씬 더 합리적이다. "그러므로 우리는 그것을 우리의 이성 안에 있는 그리고 우리의 차원 너머에 있는 신앙으로 받아들인다"고 철학자 허만 혼(Herman Horne)은 주장했다.

그러나 어떤 사람들은 창조주에 대한 신뢰성을 자신이 처한 좋지 못한 환경 때문에 의심하게 된다. 즉 하나님이 전능하시고 사랑이시라면 어떻게 악이 존재할 수 있는가, 하나님이 계시다면 어떻게 이 악이 지속되고 있는가에 대한 질문을 하게 된다. 18세기의 유신론자들이 생각했던 것처럼 창조 사역을 마친 뒤 "휴가를 떠나셨는가", 아니면 유한한 존재들이 그들의 수준에서 이해할 수 있도록 자신을 계시하시는 하나님이신가?

성경은 여기에 대한 답을 제시하고 있다. 헨드릭 크레머(Hendrik Kraemer)는 왜 기독교의 계시가 다른 종교와는 다른 설득력이 있는지에 대해 다음과 같이 말하고 있다. "절대적으로 특징적이고 독특한 기독교의 요소는 일련의 교리가 아니라 예수 그리스도에 대한 사실이다. 예수 그리스도의 독특성은 그분 자신이 하나님의 계시로서 그분의 인격 속에 하나님이 거하시며 그 계시의 본체가 되시는 데 있기 때문이다."

## 2) 성경이 말하는 실재

기독교인들은 성경을 예수 그리스도를 통한 창조주 하나님의 자기 계시로 믿는다. 이 계시는 그들로 하여금 실재의 본질에 관한 보다 자세한 이해를 얻도록 해 주며, 기독교 교육을 위한 형이상학적 윤곽을 제공해 준다. 성경적 세계관이 제시해 주는 기본적인 명제들을 다음과 같이 제시할 수 있다.
① 살아 계신 창조주 하나님의 존재
② 완전한 세계와 우주를 창조하신 하나님
③ 하나님의 형상대로 지음 받은 인간
④ 자신의 피조성을 잊고 자신을 하나님의 위치에 올려놓으려던 사탄에 의한 죄의 침입
⑤ 사탄에 의해 땅 위에 전파된 죄와 하나님 형상의 부분적 상실의 결과를 가져온 인간의 타락
⑥ 자신의 본성을 변화시키고 전가된 죄를 극복하며 상실된 하나님의 형상을 회복함에 있어서 하나님의 도움이 없이는 전혀 무능한 인간
⑦ 예수 그리스도의 성육신, 생애, 죽으심, 부활을 통한 인간 구원과 원상태로의 회복에 있어서의 하나님의 주도권
⑧ 믿는 자들의 신앙 공동체인 교회를 불러내시는 하나님의 사역과 타락한 인간에게 하나님의 형상을 회복시키는 일에 있어서의 성령의 활동
⑨ 세상 역사의 종말에 있게 될 그리스도의 재림
⑩ 이 세상의 종국적 회복과 에덴 동산과 같은 상태로의 복귀

기독교 교육은 반드시 실재에 대한 기독교적 견해 위에 세워져야 한다. 기독교는 초자연적 종교로서 모든 형태의 자연주의와 하나님을 중심으로 하지 않는 유신론적 사상 체계, 그리고 인간 스스로가 스스로를 자신의 지혜와 선함으로 구원할 수 있다는 주장을 지지하는 인본주의를 철저히 배격한다. 명목상으로만이 아닌 실제적인 기독교 교

육이 되기 위해서는 성경적인 형이상학적 입장 위에 신중히 기독교 교육이 수립되어야만 한다.

위에서 살펴본 것과 같이 기독교적 형이상학은 기독교 교육의 기초를 형성하고 있다. 기독교 교육제도는 하나님이 존재하시기 때문에 생겨났다. 기독교 교육제도가 하나님을 중심적 실재로 인정하고 하나님의 계시를 바르게 가르칠 때 진정한 기독교 교육이 이루질 수 있다.

## 인식론

인식론은 지식의 본질, 원천, 확실성을 연구하는 철학의 영역이다. "무엇이 진리인가?"와 "우리가 진리를 어떻게 알 수 있을까?" 하는 것이 인식론적인 물음이 된다. 인식론이 지식의 의존성(dependability)과 분명한 진리에 도달하는 다양한 방법들과 타당성 등과 같은 문제들을 다룬다는 사실에 근거하여 그것은 형이상학과 마찬가지로 교육적 과정의 중심적 위치를 차지하게 된다. 인식론에 대한 이해를 돕기 위해 기본적인 질문을 몇 가지 해 보자.

실재를 알 수 있는가?

이 질문은 형이상학과 인식론의 밀접한 연관성을 보여 준다. 회의주의(skeptism)는 진리를 획득하기란 불가능하며 따라서 진리 탐구는 헛된 일이라고 주장하는 입장이다. 회의주의와 연관성을 지니는 용어가 불가지론(agnosticism)이다. 불가지론은 하나님의 존재에 대해 적극적으로 부인하기보다 하나님의 존재 여부에 대하여 인간의 무지를 선포한다.

그러나 대부분의 사람들은, 실재는 알 수 있는 것이라고 주장한다. 그러나 일단 이러한 입장을 취하게 될 경우 그들은 무엇을 통하여 실재를 알 수 있는지를 결정해야 하며 지식의 확실성 여부를 판단하는 방법에 대한 개념을 가져야 한다.

진리는 절대적인가, 상대적인가? 모든 진리는 변하는가? 오늘의 진리인 것이 내일에는 거짓된 것으로 바뀔 수 있는가?

이 질문에 대해 "그렇다"라고 대답할 수 있는 진리들은 상대적 진리로 불린다. 그러나 절대적 진리란 시간과 장소에 관계없이 영원히, 그리고 보편적으로 진리(truth)인 것을 의미한다.

진리는 주관적인가, 객관적인가?

이 질문은 진리의 상대성과 밀접한 관계가 있다. 모리스(Van Cleve Morris)는 진리의 객관성에 관한 세 가지 기본적 입장이 있음을 언급했다. 첫째, 지식은 '외부'로부터 오는 어떤 것으로서 그것은 마치 철광석이 화물선에 부어지듯 인간 지성과 신경 계통에 들어와지는 것이라고 주장한다. 수학자와 물리 과학자들이 종종 진리를 이러한 각도에서 본다. 둘째, 어떤 사람들은 지식을 가지는 사람이 자기의 지식 구조에 대하여 자신이 부분적으로 책임을 지니는 방식으로 자신과 세계를 관계 맺는 데 기여하고 있다고 믿는다. 사회과학이나 행동과학을 연구하는 사람들의 입장이다. 셋째, 우리가 지식을 단순히 수용하거나 참여하는 것이 아니라 진리를 창조하는 '순수 주체'(pure subject)로 존재한다는 것이다. 예술, 문학, 음악 등과 같은 영역에 종사하는 사람들이 주장하는 입장이다.

진리는 인간 경험과 무관한가?

이 질문은 기본적인 인식론의 질문이며 선험(a priori) 지식과 후험(posteriory) 지식이라는 용어로 가장 적절히 이해될 수 있다. 선험 지식의 한 예가 원주와 지름 사이에 존재하는 비율($\pi$)이다. 이 관계는 원의 본질의 한 부분이다. 한편, 한 원과 또 다른 원과의 관계는 고정되어 있지 않다. 한 원이 다른 원보다 클 수도 있으며 그것들이 같은 평면 또는 상이한 평면 위에 있을 수 있거나 또는 동심원의 모습으로 존재할 수도 있다. 상호 관계성을 통하여 얻어지는 모든 지식을 후험 지식이라고 하는데 그것은 그것에 대한 인간 경험 후에 생성되며 인간 지각에 좌우되는 지식이다.

### 1) 기독교 인식론의 일차적 원천으로서의 성경

기독교인들에게 성경은 지식의 원천이며 인식론적 권위이다. 그 외의 모든 지식의 원천들은 성경에 비추어 검증되고 시험되어야 한다. 성경이 내포하고 있는 기본 과정들은 다음과 같이 요약할 수 있다.
① 인간은 제한된 인간 지성이 최소한 제한된 형태로라도 이해할 수 있는 수준에서 자신을 계시하신 초자연적 우주에 살고 있다.
② 하나님의 형상으로 창조된 인간은 비록 타락하긴 했어도 논리적 사고를 할 수 있다.
③ 인간은 천부적인 제한성과 불완전성, 그리고 인간 언어의 부정확성에도 불구하고 다른 지성적 존재들과의 커뮤니케이션이 가능하다.
④ 인간에게 자신을 계시할 만큼 관심을 가지시는 하나님은 그 계시가 여러 세대에 걸쳐 전달됨에 있어 왜곡되지 않도록 그 본질을 보전시키는 일에 관심을 가지신다.
⑤ 인간은 성령의 인도하심을 통하여 진리에 이르도록 성경을 바르게 해석할 수 있는 능력을 가지고 있다.

성경은 계시를 통해 얻는 진리의 권위 있는 원천이다. 이 지식의 원천인 성경은 주로 삶과 죽음의 의미, 세상이 어디로부터 왔으며 또 미래의 세상은 어떠한가, 죄 문제의 기원과 죄로부터의 구원 등을 다루고 있다. 그러나 성경의 목적은 사람들로 하여금 "그리스도 예수 안에 있는 믿음으로 말미암아 구원에 이르는 지혜가 있게" 하는 것이며, 교훈과 책망과 바르게 함과 의로 교육하여 "하나님의 사람으로 온전케 하며 모든 선한 일을 행하기에 온전케" 하는 것이다(딤후 3:15~17). 그러므로 모든 문제에 대해 백과 사전처럼 답을 주는 것은 아니다. 그러나 제한성을 지닌 인간의 가장 근본적인 문제들에 대해 해결을 얻을 수 있게 해 준다.

성경은 그 자체의 주장을 입증하려 들지도 않으며 또한 다른 인식론적 방법들이 제시하는 것들을 입증하지도 않는다. 성경은 "태초에 하나님이 천지를 창조하시니라"(창 1:1)라는 선언으로 시작된다. 히브리서는 우리가 보이지 않는 것으로부터 하나님께서 세계를 창조하신 사실을 믿음으로 받아들여야 한다고 주장한다(히 11:3). 하나님께서는 인간의 극히 제한된 이해력 때문에 그분의 행하신 일들을 모두 설명하려 하지는 않으셨음이 분명하다. 그분은 우리의 호기심이 요구하는 바를 충족시키지 않으셨다. 그분은 오히려 우리가 알아야 하는 지식과 우리 인간의 버려진 상태와 구원의 길과 관계되어 우리가 이해할 수 있는 것들을 알려 주셨다.

하나님의 형상으로 지음 받은 인간은 본질적으로 합리적인 존재이다. 그러나 신앙은 합리성의 산물이 아니다. 결코 인간은 스스로 사상 체계의 개발을 통하여 하나님과 인간의 구원에 관한 바른 견해를 얻어 기독교 진리에 도달하지는 못한다. 그러므로 기독교 인식론은 하나님의 계시에 의존해야 한다. 또한 기독교 인식론에 있어서 이성을 통하여 발견된 것들은 언제나 성경의 진리에 의해 점검되어야 한다. 이 원리는 직관을 통하여, 그리고 권위들에 대한 연구로부터 얻어진 지식들에도 적용되어야 한다. 모든 것을 포괄하는 인식론적 점검은 모든 진리를 성경의 준거틀에 비교해 보는 것이다.

기독교 인식론에 대한 토의를 결론지으면서 몇 가지 기타 논점들을 논리적 순서에 따라 살펴보도록 하겠다.

첫째, 성경적 견해는 모든 진리는 하나님의 진리라는 사실이다. 그러므로 세속 진리와 거룩한 진리의 구분은 잘못된 이원론적 생각이다. 모든 진리의 근원은 창조주이며 근원자이신 하나님이시다.

둘째, 기독교의 진리는 우주에 실제적으로 존재하는 것에 대한 진리이기도 하다. 이상의 두 가지 논점들에 근거하여 기독교인의 학문적 자유 개념이 생겨났다. 만일 모든 진리가 하나님의 진리이며, 기독교의 진리가 우주의 보편적 진리라면 기독교인은 근본적 모순에 대한 두려움 없이 진리를 추구할 수 있을 것이다.

셋째, 자연계에 선악간의 거대한 긴장이 분명히 존재하는 것처럼 인식론의 영역에서도 거대한 논쟁이 있다. 악의 세력들은 계속해서 성경을 훼손시키려고 인간의 사고력을 왜곡시켜 인간으로 하여금 진리를 추구함에 있어 부적절하고 타락된 자신을 의존하게 만들려고 노력하고 있다. 이와 같은 악한 세력의 공격은 인간이 인식론의 영역에서 오도되기만 하며 기타 모든 다른 영역에서도 오도되기 때문에 매우 치명적이다.

넷째, 성경은 추상적 진리를 다루지 않는다. 성경은 언제나 진리를 삶과 관계된 것으로 본다. 성경적 의미에서 볼 때 안다는 것은 하나님에 관한 객관적 지식을 말하는 것이 아니라 하나님과 아는 자 사이의 만남을 의미하고 인식된 지식을 자신의 생활에 적용하는 것을 의미한다. 그러므로 우리는 그리스도에 관하여 발견된 진리와 그리스도를 개인의 구세주로 아는 것은 성경이 차이를 두고 있음을 안다. 발견되어진 진리를 단순히 아는 것을 일반적인 지식이라 하며, 하나님의 진리를 자신의 삶에 적용하는 것은 구원의 지식이라고 할 수 있다.

다섯째, 기독교인의 유용한 지식의 다양한 근원들은 상호 보완성을 지닌다. 기독교인은 이 모든 근원들을 사용할 수 있으며 또한 사용해야만 하며, 모든 근원들은 성경적 패턴에 비추어 이해되어야 한다.

여섯째, 기독교 인식론 체계를 인정하는 것은 믿음에 근거한 선택이며, 삶의 방식에 전폭적으로 사용함을 필요로 한다.

## 가치론

가치론이란 "무엇이 가치를 지니는가?"라는 질문에 대한 답을 추구하는 철학의 영역이다. 가치에 대한 인간의 관심은 그가 가치를 매기는 존재라는 사실에 기인한다. 가치의 문제는 사람이나 사회가 선한 것으로 또는 더 좋은 것으로 인식하는 관념들을 다루며, 윤리학과 미학이 그 영역이다. 그러나 기독교인의 가치는 기독교 원리에 의해 세워져야 한다.

## 1) 윤리

기독교인은 다음과 같은 질문을 종종 한다. "무엇이 큰 죄인가? 거룩하신 하나님께서 보실 때 가장 심각한 죄는 무엇일까? 살인일까? 무자비, 분노, 욕심, 아니면 술취함일까?" 이것에 대한 성경적 대답은 "아니다"이다. 가장 큰 죄는 교만이다. 교만은 자기 중심성, 자기 충족성, 불건전한 사람과 연관되어 있는데, 이러한 것들은 인간 자신의 선함과 능력과 지혜를 의지하게 하고 창조주 하나님을 의지하지 않게 만드는 마음의 틀인 것이다.

마귀가 마귀된 것은, 하와가 죄악된 인류의 시조가 된 것은, 그리고 예수님의 열두 제자들이 계속 서로 누가 더 크냐고 시비함으로써 그리스도의 복을 받지 못했던 것은 바로 교만과 자기 충족성 때문이었다(창 3장, 사 14:12~15, 겔 28:13~17, 마 18:1).

기독교와 기독교 윤리의 본질은 자아, 교만, 자기 중심성, 자기 충족성을 곧 십자가에 못박는 것이다. 이것은 예수 그리스도와의 새로운 관계 때문에 새로운 원리에 근거하여 행동하게 만들어 주는 새로운 출생이다(마 16:24, 롬 6:1~6). 우리에게 진정으로 필요한 것은 우리 마음의 변화, 즉 우리 자신을 십자가에 죽이고 영적으로 다시 태어나 하나님과 하나님의 속성이 우리 존재의 중심을 이루는 새로운 피조물이 되는 것이다(롬 12:2, 고후 5:17, 빌 2:5~8).

기독교 윤리의 절대적 기초는 하나님 자신이다. 하나님 이상 가는 기준이나 법은 없다. 성경에 계시된 율법은 하나님의 성품에 기초하고 있다. 신·구약 성경에 묘사된 하나님의 주된 속성은 사랑과 공의이다(출 34:6~7, 요일 4:8, 계 16:7). 사랑을 율법의 요약이라고 한다면 공의는 그 내용이라 할 수 있을 것이다.

칼 헨리(Carl Henry)는 "기독교 윤리는 섬김의 윤리이다"라고 적절히 진술했다. 이러한 윤리를 가장 기본적으로 잘 설명한 것이 그리스도의 두 가지 계명, 곧 하나님을 사랑하고 인간을 사랑하라는 것이다. 신약 성경은 사랑이 율법의 완성임을 보여 준다. 십계명도 사랑의

법의 묘사이며, 그것의 구체화로 보아야 한다. 하나님께서 의미하시는 사랑인 온전한 사랑은 기독교 윤리 이상이다.

윤리 분야에 있어서 대부분의 그리스도인들이 가장 어렵게 생각하는 문제는 기독교 윤리의 양 극단을 이루고 있는 율법주의와 반명분주의라는 함정에 빠지지 않고 그리스도인의 삶을 사는 것이다. 율법주의자는 성경을 모든 경우에 해당되는 기준을 제시하여 주는 윤리 규범책으로 본다. 사람들은 오직 타협함 없이 그 규정하는 바에 철저히 복종해야 한다. 반대쪽 극단은 반명분주의로서 모든 도덕률을 거절하며 보편적 원리를 용납하지 않는 입장이다.

아더 홈즈(Arthur Holmes)는 율법주의란 무한한 절대주의인 반면 반명분주의는 무한한 상대주의로 규정될 수 있을 것이라고 말했다. 그러나 성경적 입장은 도덕적 한계를 설정할 수 없다고 주장하는 제한된 상대주의나 상황 윤리를 거부한다. 가치들과 행동 규범들 모두가 절대적이 아니라면 인간이 필요로 하는 것은 율법주의자의 무한한 절대주의보다는 제한된 절대주의로 보아야 할 것이다. 보다 성경적 관점에 어울리는 입장은 제한된 절대주의라고 말할 수 있을 것이다. 이 입장은 하나님의 행위와 태도, 그리고 십계명 속에 포함된 인식력 있는 내용에 사랑이 내포된다는 입장이다. 그것은 율법이 침묵을 지키고 있는 것에 대하여, 그리고 다른 상황에 율법을 적용시키는 일에 있어서 기독교인이 자유함을 누리게 함과 동시에 영원한 보편적 원리들을 내포한다. 따라서 제한된 절대주의는 율법주의와 상대주의의 위험 사이를 조절하며 '상대주의가 율법에 의하여 제한될 수 있는' 해결점을 지시해 준다.

기독교 윤리가 기독교 교육을 위하여 제시해 주는 교훈과 암시가 많다. 예를 들어 교육 방법은 윤리적인 것들에 대한 고려를 요구한다. 교사나 부모가 율법주의와 반명분주의 사이의 갈등에 대하여 갖고 있는 신앙은 학급에서의 훈련이 권위주의적 통제에 의하여 이루어져야 할지 자유방임적이어야 할지 아니면 도덕적 원리라는 상황 속에서 개인이 가지는 책임성에 근거해서 이루어져야 할지를 결정하는 데 도움을 줄 것이다. 이와 마찬가지로 기독교 윤리의 타자 중심성과 봉사 지향성은 기독교 교육에 사회적 기능, 학생들간의 바람직한 형태의 관계, 교사들간의 관계, 그리고 교사와 학생들간의 관계와 같은 교육적 문제들에 대한 중요한 암시를 던져 준다. 또한 아마도 가장 중요한 것은 하나님의 사랑의 성품이 던져주는 윤리적 교훈은 기독교 교육에 있어서의 성격 개발의 역할과 깊은 관계성을 갖는다는 사실이다. 기독교 교육의 으뜸가는 과업 가운데 하나는 학생들로 하여금 그리스도와 같은 삶을 개발하도록 돕는 것이기 때문에 이러한 사실은 기독교 교육의 핵심이다.

## 2) 미학적 가치

미학(aesthetics)은 미와 예술의 창조 및 그것에 대한 감사를 통제하는 원리들에 대하여 연구하는 가치의 영역이다. 미학은 광의적으로 예술의 이론적인 면을 다루는 것이기 때문에 실제적 예술 활동이나 그것에 대한 기술적 비평과 혼동해서는 안 된다. 아마도 미학은 가장 많은 논란의 대상이 되는 연구 분야일 것이다. 왜냐하면 상상력과 창의력에 밀접하게 관련된 이론적 영역이고 그것은 매우 개인적이며 주관적이기 때문이다.

과거 문명을 연구하는 역사가들은 통상적으로 예술 작품들을 문화적 발달의 중요한 표로 여겨 왔다. 이와는 대조적으로 어떤 과학자들, 특히 미국 등과 같은 곳의 과학자들은 공리주의적이고 물질적인 관심에 일차적인 중요성을 두기 때문에 '어떠한 빵도 구워 줄 수 없는' 즉 실질적인 이로움이 없어 보이는 예술을 중요시 하지 않는다.

그러나 우리는 미학적 가치 평가가 일상 생활 경험의 일부로서 결코 회피할 수 없는 것이라는 사실을 인식해야만 한다. 미학적 경험은 종종 새로운 의미를 파악하는 능력이요, 감정의 고양(高揚)이요, 광범위한 민감성으로 불려질 수 있는 함양된 지각력을 가져다 준다. 또한 사람들로 하여금 순수 합리적 사고가 가지는 제한점과 인간 언어의 약점들을 극복하게 해 준다. 그림, 노래, 이야기 등은 논리적 논증을 통하여서는 결코 생겨날 수 없는 어떤 인상을 사람 속에 생겨나게 해 준다. 그리스도께서는 그분의 비유 속에서 단어 그림(word pictures)을 창조하심으로써 미학적 능력을 나타내셨다.

인간 존재는 미학적 존재이며 마치 윤리적 가치들을 회피할 수 없듯이 학교에서, 가정에서, 대중 매체에서 그리고 교회에서 가르치지 않을 수 없는 분야이다. 교육자들은 자신이 가지고 있는 미학적인 책임을 의식적으로 지지 않으려고 해도 무의식적으로 그리고 무비판적으로 학생들에게 미칠 영향력에 대해서는 책임이 있다. 어떤 철학자들과 교육자들은 학교 및 기타 교육 기관들 역시 학생들로 하여금 건축, 학교 부지, 개인적인 깔끔함과 깨끗한 과제물 보고서 등과 같은 교육 환경에 포함되어 있는 미학적 차원을 볼 수 있게 도와줄 책임을 지닌다고 믿는다.

기독교 미학에 있어서 가장 중요한 문제는 예술적 형태를 취하는 주제가 언제나 삶에 있어서 아름답고 좋은 것이어야 하는지 아니면 추하고 기괴한 것들도 다루어야 하는지의 문제이다. 성경을 모델로 삼을 경우, 성경은 아름다운 것만 다루고 있다고 말하기가 어렵다. 선과 악 모두를 다루고 있다고 말해야 될 것이다. 쉐퍼는 기독교인의 세계관이 대주제와 소주제(a major and miner)로 나뉘어질 수 있음을 지적했다. 소주제는 하나님을 거역하여 하나님으로부터 분리되고 자신의 무의미함을 알게 된 세상의 비정상성을 다룬다. 이 주제는 인간 삶의 패배하고 범죄한 면인 것이다. 대주제는 소주제의 반대 입장에 처한 것을 의미한다. 형이상학적으로 대주제는 하나님의 존재, 모두가 잃어버려진 바 되지 않은 사실, 그리고 삶이란 결코 우스꽝스러운 것이 아니라는 사실을 드러낸다. 인간은 하나님의 형상대로 지으심을 받았다는 사실 때문에 존엄성을 지닌다.

만약 예술이 대주제나 소주제만을 다룰 경우 이것은 비성경적이며 또한 비현실적이라는 것을 기억해야 한다. 대주제만을 강조하는 것은 '실생활의 문제들'을 꿰뚫어 보는 통찰력을 상실하게 되며, 소주제만을 강조하게 되면 하나님의 속성과 위배되는 소망 없는 삶이 예술의 목적이 되고 만다. 그러나 성경은 대주제와 소주제를 모두 다루고 있다. 성경은 인간의 모든 퇴보를 드러내기를 주저하지 않는 매우 사실적이고 삶에 대하여 솔직한 책이다. 그러나 그것은 인간의 그릇됨 그 자체를 드러내는 것을 목적으로 삼지 않고 오히려 죄, 악, 추함은 죄인의 삶에 하나님의 은혜와 구세주를 절실히 필요로 하는 인간의 상태를 드러내는 데 그 목적이 있는 것이다.

예술의 형태에 있어서의 선과 추의 관계에 있는 모든 문제는 사도 바울이 제시한 바 하나님의 영광을 봄으로써 우리가 변화된다는 원리(고후 3:18)에 의해 결론지어져야 한다.

미학은 우리가 보고, 듣고, 읽고, 만지는 일상 생활에 영향을 미친다. 따라서 미학은 그리스도인 생활의 중심에 그 위치를 두어야 한다. 기독교 윤리는 기독교 교육이 사람들을 도와 그들이 자신들의 생활 환경을 미학적으로보다 질적인 것으로 만드는 데 기여할 책임이 있음을 알게 해 주어야 함을 암시한다. 미학적 중요성을 무시하거나 경시하는 기독교 교육자의 태도는 인간과 하나님께 대한 성경적 견해에 적합하지 못한 견해를 가졌다는 사실을 말하고 있기 때문에 교육의 가장 중요한 면을 등한시 하고 있는 것이다.

## 연구를 위한 질문

1. 기독교 인식론의 일차원적인 원천은 무엇인가? 왜 그것이 일차원적인 원천이 될 수 있는가?

2. 기독교 철학에서 가장 가치 있는 것은 무엇이라고 말하는가?

3. 기독교 윤리에 있어서 절대적 기초는 무엇인가? 이 기초가 말하는 윤리는 어떠한 것들이 있는가?

4. 성경은 아름다움에 대해서 어떻게 말하고 있으며, 그 반대인 추함에 대해서는 어떻게 말하고 있는가? 우리는 아름다움과 추함에 대해 어떠한 입장을 가져왔으며 성경에 비추어 어떠한 입장으로 변해야 하는가를 말해 보시오.

# 제3부

# 기독교 교육철학의 교회적용과 실제

우리가 살아도 주를 위하여 살고 죽어도 주를 위하여 죽나니
그러므로 사나 죽으나 우리가 주의 것이로다
(롬 14:8)

# 제6장 신앙공동체와 기독교 교육

본 장에서 다루려고 하는 것은 기독교 교육의 장으로서의 신앙공동체와 기독교 교육이다. 기독교 교육의 장은 크게 나누어 가정과 교회와 학교와 사회를 들 수 있다. 기독교 교육의 장이란 기독교 교육의 틀을 갖춘 장소적 개념이라기보다는 가르치는 자가 기독교적 관점에서 교육하는 주권적 개념을 말한다. 따라서 기독교 교육의 장은 인간활동의 모든 장을 포함한다. 여기서 가정과 교회와 학교와 사회로 제시한 것은 기독교 교육의 장을 특별히 규정하려는 의도에서가 아니다. 오히려 인간활동의 모든 범위를 축약하여 간추려 놓으려는 의도에서 네 범위를 제시한 것이다.

본 장의 관심은 광범위한 여러 교육의 장 중에서 특별히 신앙공동체와 연관된 기독교 교육을 살피는 것이다.

## 공동체적 인간, 공동체적 신앙

교육의 대상인 인간의 본질은 공동체성을 지니고 있다. 그것은 '사회성을 지닌 인간'으로부터 출발하지 않아도 된다. 그것은 이미 창조의 맥락에서부터 밝혀지고 있기 때문이다. 그러므로 여기서는 인간이 공동체성을 지닌 것을 창조, 타락, 그리고 은혜(구속)의 맥락에서 살피고자 한다.

## 1) 창조의 맥락

　태초에 하나님께서 일하신 천지창조는 아담 창조가 아닌 하와의 창조에서 마쳐진다. 창세기 1장 27절은 이렇게 말한다. "하나님이 자기 형상 곧 하나님의 형상대로 사람을 창조하시되 남자와 여자를 창조하시고." 아담과 하와를 모두 만드신 후에 하나님은 비로소 '사람'이라는 용어를 사용하신다. 그러므로 태초에 하나님이 창조하신 인간은 아담 한 사람이 아니라 아담과 하와라는 공동체적인 사람의 집단이다. 그 이후로도 하나님은 인간이 본질적으로 공동체성을 지니고 태어나도록 만들어 놓으셨다. 어느 인간이든지 가정이라는 공동체 안에서 태어난다. 또 자라면서 교회와 학교, 학원 등의 다양한 형태의 공동체 속에서 삶을 경험하게 된다. 그 모든 과정을 마친 후에도 사회라는 공동체 속에 본인의 의지와 상관없이 놓여지게 되는 것은 인간이 공동체를 등질 수 없음을 증명하는 예이다.

　성경은 '하나님의 형상대로 사람을 창조했음'을 말해 준다. 그러나 여기에서 사람의 공동체성이 하나님과 결부되는 것은 아니다. 하나님과 인간으로 결성된 공동체가 있다는 의미가 아닌 것이다. 물론 삼위일체로서 하나님이 공동체성을 지니지 않았다고는 말할 수 없다(그렇다고 해서 삼위일체의 하나님이 공동체로 구성되어 있는 것은 더욱 아니다). '하나님의 형상'대로 사람을 창조하셨다는 의미는 사람이 하나님처럼 만들어졌다는 정확한 모습을 말하는 것이 아니고, 단지 사람이 하나님에게서 창조되었고, 창조의 면류관이라는 정당한 지위를 부여받았음을 의미한다. 또한 그 속성상 하나님과 같이 지·정·의 국면을 지니고 있음을 말해 주는 것이다.

## 2) 타락의 맥락

　인간의 타락은 최초 인간인 아담의 범죄에서 출발한다. 최초의 인간은 창조된 인간공동체인 아담과 하와이다. 이 공동체의 대표격은 아담이다. 그래서 우리는 보통 아담과 하와의 범죄라 부르지 않고 대표자 격인 아담의 범죄라 부른다.

아담의 범죄는 인류를 죄의 올가미 안에 가두어 버리게 된 시작에 불과했다. 다시 말하면 아담의 타락은 인류공동체의 타락을 의미한다. 이러한 공동체적인 타락은 비단 인류에게만 적용되는 것은 아니다. 동물들은 포악하게 변하였고, 땅은 황무하게 변하였다. 인간은 맹수를 피해 다녀야 하며, 황무한 땅은 밭을 갈아야만 사용 가능하게 된 것이다. 인류 역시 모든 창조물의 대표이므로, 온 세상의 타락을 축약하여 이름하기를 '인류 공동의 타락'이라 부르는 것이다. 사실, 인류 공동의 타락이 아니라면 그리스도는 필요하지도 않겠고, 기독교의 존재는 가치와 힘을 잃어버리게 될 것이다. 그러나 이러한 공동체적 타락은 메시야를 통한 기독교적 구원이 불가피함을 핵심적으로 드러내고야 만 것이다.

### 3) 은혜의 맥락

구원받은 죄인이라는 은혜의 맥락에서 신자는 예수 그리스도를 머리로 하는 하나의 공동체이다. 그 공동체의 이름은 교회이며, 한 사람 한 사람은 그 교회를 이루는 각 지체이다. 공동체적으로 타락했다고 해서 공동체적으로 구원을 얻을 수는 없다. 구원은 다만 은혜로 말미암아 개인적으로 얻는다.

"너희는 그 은혜에 의하여 믿음으로 말미암아 구원을 받았으니 이것은 너희에게서 난 것이 아니요 하나님의 선물이라 행위에서 난 것이 아니니 이는 누구든지 자랑하지 못하게 함이라"(엡 2:8~9).

하지만 개인적으로 구원의 은혜에 동참한 사람들은 하나의 공동체가 되는 것이다. 그러한 공동체가 함께 공유하고 있는 것은 바로 신앙이다. 그래서 신앙공동체라고 부른다. 따라서 신앙 역시 공동체성을 그 본질에 담고 있다. 신앙공동체의 대표적 형태가 모든 지체의 연합으로 일컬을 수 있는 교회이다. 신앙은 지극히 개인적인 것임에도 불구하고 '하나님의 백성', '하나님의 나라' 등이 의미하는 바는 이미 신앙이라는 공통성 아래 공동체로 형성되어 가고 있음을 역력히 드러낸다.

그러므로 신앙의 시작, 즉 신앙의 획득은 은혜로 말미암는 지극히 개인적으로 부여받는 것이지만 신앙의 성숙은 공동체를 떠나서는 이루어질 수 없다. 신앙의 성숙은 신앙공동체 안에서 함께 공유하는 예배와 기도, 말씀과 봉사, 그리고 헌신이라는 공동체적인 경험에 의해 이루어지는 것이다.

## 기독교 교육의 신앙공동체적 역할

공동체라 함은 공동의 이상을 품고, 공동의 전략을 가지고, 공동의 수단을 활용하는 유기적 조직체이다. 신앙공동체는 신앙성숙을 목표로 하는 유기적 조직이다.

### 1) 신앙성숙의 장으로서의 신앙공동체

신앙공동체라 함은 신앙의 성숙을 도모하는 공동체이다. 신앙성숙은 경험에 의해 이루어지며 경험의 토대는 바로 신앙공동체이다. 이에 무엇보다도 신앙공동체는 기독교 진리의 유산을 전달할 뿐만 아니라 기독교 진리의 유산을 발판으로 개개인의 신앙성숙을 위한 영적 책임을 지녀야 한다. 이러한 신앙성숙과 영적 성숙은 기독교 교육의 몫이기도 하다. 기독교 교육은 신앙공동체 안에서 예배와 봉사 및 형식적 커리큘럼 혹은 비형식적인 또래모임 등의 교육 형태를 통하여 기독교의 가치를 심어 줄 수 있는 안전한 분위기를 제공하여야 한다.

루터는 모든 신자들이 책임 있는 봉사자와 예배자로 불려졌다면, 그들은 반드시 훈련되어져야 하며, 이러한 소명을 감당할 수 있도록 준비되어져야 한다는 사실을 인식하고 기독교 교육에 관심을 가졌다. 그가 기독교 교육에 더욱 관심을 갖게 된 것은 다음과 같이 그의 소요리문답 교리서 서문을 통해 좀더 분명히 알 수 있다.

"최근 어떤 교회들을 방문하던 중에 내가 발견했던 교회교육의 한심스러운 상태를 보고 난 후 교리문답집 또는 기독교 교리 게요서를 발간하지 않을 수 없었다. 이것은 짧은 시일 내에 준비되고 단순한 용어들로 만들어졌다. 아! 나는 얼마나 마음이 아팠는지 모른다. 내가 만났던 그 사람들 특히 그 촌락에 살고 있는 사람들은 기독교 교리에 대해서 무엇 하나 아는 것이 없었으며 많은 교구 목사들도 무지하였고 무자격한 교사들도 있었다."

이처럼 루터와 다른 개혁자들이 신앙공동체 안의 기독교 교육에 관심을 가져온 것은 그리스도인들이란 단지 경건한 종교생활 이상의 일에 부르심을 받았음을 인식하였기 때문이다. 그것은 바로 성숙한 신앙인이 지녀야 할 영적인 책임이다.

그렇다면 기독교 교육이 책임져야 할 신앙성숙이란 무엇일까? 짐 월호이트는 기독교 교육의 중심 목표를 그리스도인의 성숙에 두고서 그 기본 개념을 영적 자율, 영적 완전, 영적 안전, 그리고 지식의 현명한 사용으로 설명한다.

첫째, 영적 자율은 영적인 자기통제 능력이다. 영적 통제 능력을 가진 사람은 자기의 방향성을 바로 찾는다. 그는 자기 몸을 하나님이 기뻐하시는 거룩한 산 제사로 드릴 수 있는 충분한 자기 통제 능력을 갖고 있다(롬 12:1). 영적 자율은 신앙공동체의 방향을 무시하지 않으면서 단독으로 그리스도와의 관계에서 자기의 방향성을 뚜렷이 하는 책임 있는 능력이다.

둘째, 영적 완전은 신앙성숙의 중심부에 위치하는 것으로서 헌신의 완전을 말한다. 전 인격을 다한 완전한 헌신은 마음을 다하고 성품을 다하고 힘을 다하여 여호와 하나님을 사랑함에서 나오는 헌신이다(신 6:5). 신약 성경은 '완전'의 개념을 '온전' 및 '성숙'의 개념과 동일하게 사용한다. 그러므로 완전한 헌신은 절대적인 헌신과 같이 인간이 도달 불가능한 것을 지시하는 것은 아니다. "하늘에 계신 너희 아버지의 온전하심과 같이 너희도 온전하라"(마 5:48) 하신 것처럼 영적 완전은 도달 가능한 최선의 마음과 거룩한 습관으로 성숙한 신앙을 이루어 가는 것을 의미한다.

셋째, 영적 안전은 심리적인 안전이나 평안함을 의미하는 것이 결코 아니다. 가령, 도를 닦아 수련된 사람이 심리가 불안하고 감정이 변덕스러운 그리스도인보다 더 성숙했다고 말할 수는 없다. 성경이 말하고자 하는 영적 안전은, "이는 우리가 이제부터 어린 아이가 되지 아니하여 사람의 속임수와 간사한 유혹에 빠져 온갖 교훈의 풍조에 밀려 요동하지 않게 하려 함이라"(엡 4:14)에서와 같이 영적인 확신에 대한 굳은 의지를 말한다.

넷째, 지식의 현명한 사용은 신앙성숙의 표지(標識)이다. 어린아이와 어른의 차이는 지식과 정보의 축적된 양의 차이보다 축적된 지식과 정보를 적재적소(適材適所)에 사용하고 적용하는 여부에 따라 차이가 난다. "단단한 음식은 장성한 자의 것이니"(히 5:14) 즉, 지식을 현명하게 사용할 수 있는 자라야 성숙한 자이다.

이러한 신앙성숙은 기독교 교육의 핵심이다. 따라서 신앙공동체 안에서 이룩해야 할 기독교 교육의 과제를 열거한 것이라고 해도 과언이 아니다.

## 2) 사회개혁의 발판으로서의 신앙공동체

신앙공동체는 기독교 진리를 전수하고 신앙성숙으로 이끌어야 할 공동체 내의 교육적 과제뿐만 아니라 교회 밖의 사회에 대해서도 감당해야 할 역할이 있다. 성경은 크게 두 가지로 신앙공동체가 취해야 할 방향을 제시한다. 하나는, 구약에서 유대인들이 이방인들의 부도덕한 문화로부터 분리되어 있을 것을 권면한 사실과, 믿지 않는 자와 함께 멍에를 메지 말라는 사도 바울의 훈계(고후 6:14), 그리고 죄악된 세상으로부터 분리해 있으라는 계시록의 명령이 주는 방향이다. 그와는 달리 또 하나의 방향은 우리의 빛을 감추지 말고 쓸모 없는 소금이 되지 말라는 것과 예수님의 가르침과 지상 최대의 명령인 그리스도인들이 세상 속으로 들어가 모든 족속으로 제자를 삼아 그분께서 명령하신 것들을 가르쳐 지키게 하라는 것이다. 이 두 방향이 어떻게 조화될 수 있을까?

이 두 방향은 서로 엇갈리는 것이 아니다. 전자의 방향 너머에 후자의 방향이 있다. 이 두 가지 모두 신앙공동체의 역할이다. 전자의 것은 앞에서 제시한 신앙성숙의 장으로서의 기독교 교육의 역할과 관련된 것이다. 따라서 여기서는 후자의 방향 즉, 사회개혁의 발판으로서의 신앙공동체 안의 기독교 교육의 역할을 탐구하고자 한다.

교회와 그리스도인은 세상 속에 존재하지만 세상 속에 속하지 않는 독특한 존재방식을 지닌다. 신앙공동체 안에서 개인의 변화는 사회의 변화와 맞물려 있다. 신앙공동체 안의 개인은 사회의 구성원이기도 하기 때문이다. 사실, 복음이 진정으로 요구하는 바는 복음에 의해 변화된 사람들이 기독교 세계관과 조화를 이루는 삶을 살려고 할 때, 그들이 관계하는 사회 속에서도 세상의 가치관과의 갈등을 통하여 영적 가치를 지닌 개인과 사회 양자를 재창조하는 것이다.

이는 개혁자 중의 개혁자이신 예수님을 본받은 교회와 그리스도인들만이 할 수 있는 역할이다. 이것은 바로 빛과 소금의 역할이다.

## 신앙성숙의 기독교 교육적 함의

성숙이란 성장이나 변화와는 구별되는 용어이다. 현 교회에서 혼용되어 온 용어이기도 하다. 여기에서 그 차이를 엄밀히 구분하자면 변화란 그것이 진보적이든지 퇴보적이든지 원래 상태와는 달라진 것을 말한다. 성장이란 진보적인 의미를 담으면서 물리적, 외적, 가시적 변화를 가리킬 때 쓰이는 말이다. 반면에 성숙이란 마찬가지로 진보적인 의미를 담으면서 정신적, 내적, 비가시적 변화를 일컬을 때 쓰인다.

가령, 어떤 아이가 키가 크고 영리하게 자라 성인이 되었는데 범죄를 일삼는다면 그는 성숙한 자라고 말할 수 없다. 성인으로서 선악을 분별할 줄 알고 올바른 행동으로 옮길 줄 알 때 비로소 성숙한 자라 불리는 것처럼 성숙의 가치는 질적인 본성의 변화에 있다고 하겠다. 성경은 신앙의 성숙에 대해 다음과 같이 말한다.

"내가 어렸을 때에는 말하는 것이 어린 아이와 같고 깨닫는 것이 어린 아이와 같고 생각하는 것이 어린 아이와 같다가 장성한 사람이 되어서는 어린 아이의 일을 버렸노라"(고전 13:11).

이 구절에 나타난 신앙성숙의 개념은 두 가지이다. 하나는 어린아이와 비교되는 온전함의 개념이다. 어린아이와 같이 미숙한 신앙으로부터 빨리 벗어나기를 권면하는 것이다. 다른 하나는 종말론적 개념이다. 스토아 철학자들이나 다른 철학자들과는 달리 바울은 '온전한 것'은 하나님에게서 결정된 미래의 시점에서만 실현될 수 있는 종말론적 개념으로 기록하였다. 종말론적 개념으로서의 신앙성숙은 성숙의 과정을 통한 성숙의 결과를 지향한다.

"우리가 다 하나님의 아들을 믿는 것과 아는 일에 하나가 되어 온전한 사람을 이루어 그리스도의 장성한 분량이 충만한 데까지 이르리니……그에게서 온 몸이 각 마디를 통하여 도움을 받음으로 연결되고 결합되어 각 지체의 분량대로 역사하여 그 몸을 자라게 하며 사랑 안에서 스스로 세우느니라"(엡 4:13~16).

고린도전서 13장이 개인의 신앙성숙에 대하여 말씀한 것이라면, 에베소서 4장은 '우리'라는 복수주어를 사용함으로써 그리스도 공동체의 신앙성숙에 대해 언급하였다. 그 내용은 믿는 일과 아는 일에 온전하게 되는 것이고, 성숙의 최고표지는 사랑이라고 말한다.

신앙성숙이란, 하나님과 역동적인 상호관계를 이루는 것이며, 그것은 곧 신체적, 정신적, 사회적 발달과 구별하여 영성이 자라가는 과정이다. 다른 말로 표현하여 인간이 되어가는 것은 신앙성숙을 향하여 인격의 전 측면이 충분히 자라가는 것이다.[1)]

더불어 하나님과의 관계 속에서 창조되었던 그때부터 하나님과의 지속적이고도 역동적인 상호관계를 통해 하나님의 성품과 영성이 인격의 전 측면을 간섭하여 참된 자아를 실현하게 하는 과정이다.

그러면 이와 같은 신앙성숙이 기독교 교육과 과연 어떠한 연관성이 있을까? 이에 앞서 논의되어야 할 과제는 신앙이 교육에 의해 얻어질 수 있는가, 혹은 신앙성숙은 교육으로 얻어질 수 있을 것인가에 대한 문제이다.

먼저, '신앙이 교육에 의해 얻어질 수 있는가' 라는 물음은 신앙의 이해로부터 답을 얻을 수 있다. 여기에서의 신앙은 평면적 신앙을 말한다. 즉, 하나님의 선물로써 주어지는 중생을 말한다. 교육의 노력은 중생의 신앙을 얻게 하는 데 조금도 이바지할 수 없다.

그러면 신앙성숙은 교육으로 가능한가? 신앙성숙은 교육으로 가능할 뿐만 아니라 교육이 최선의 길이다. 여기에서의 신앙은 입체적 신앙이다. 입체적 신앙이란 자라가는 신앙을 말한다. 생명이 있는 나무가 싹이 트고 잎이 나며, 꽃이 피고 열매를 맺는 자라남의 증거가 있듯이 중생의 신앙을 소유한 자는 성숙하기 마련이다.

코메니우스(Comenius)는 인간의 목적은 타락 이전의 상태를 회복하여 하나님과 하나가 되는 것인데, 이러한 것은 교육에 의해 이루어진다고 다음과 같이 말한다. "우리가 보았듯이 지식과 덕성과 신앙의 씨앗은 나면서부터 우리 속에 숨겨져 있다. 그러나 실제적 지식과 덕성과 신앙 자체는 나면서부터 주어지는 것이 아니다. 이것은 기도와 교육과 행함으로 습득되지 않으면 안 된다."[2)]

---

1) Mark S. Young, "Nurturing Spirituality the Matrix of Human Development", Christian Education Journal, vol. Ⅹ. no. 2, p. 91.
2) 코메니우스, 大敎授學, 정확실 역, 제6장 1.

이러한 코메니우스의 입장은 하나님의 선물로 주어지는 평면적 신앙이 교육을 통하여 입체적 신앙으로 성숙하리라는 가능성을 충분히 대변하는 것이며, 신앙과 교육의 관련성에 대한 물음에도 긍정적 답을 주고 있다. 그렇다면, 신앙성숙에 담겨진 기독교 교육의 함의는 무엇인가? 이에 대해 다음과 같이 몇 가지 기술하고자 한다.

첫째, 기독교 교육은 영적인 부분을 포함해야 한다. 교육은 지정의의 발달을 포함한 전인적인(Holistic) 교육이어야 하는데 전인적 교육의 형태는 지정의를 통합시켜 줄 새로운 범주를 필요로 한다. 그것은 영적인 영역이다. 지정의의 발달은 영적 성숙에 포함되어 있을 때에야 비로소 참된 가치를 발휘할 수 있다.

둘째, 기독교 교육은 '새로워짐'을 지향해야 한다. 교육은 날마다 본질적인 내적 변화가 일어나는 것이다. 20년 후에야 나타나는 외적 변화들도 '날마다 새로워지는' 내적 변화의 결실이다. 교육이 '새로워짐'을 지향하기 위하여 가르치는 자는 배우는 이에게 치밀한 계획과 의도를 가지고 끊이지 않는 위로부터 나는 새로운 동기부여와 함께 바른 방향을 제시해 주어야 한다. 그래서 배우는 이 안에 이미 심겨진 본질적인 요소가 참된 변화로서 일어날 수 있도록 도와주어야 한다.

셋째, 기독교 교육은 온전함을 지향해야 한다. 교육의 우선된 목적은 온전함(perfection)에 이르는 것이다. 그 목적을 위해 가르치는 자는 지식과 지혜를 채워야(fulling) 하며, 그렇게 함으로써 배우는 이로 하여금 '회복'(to restore)되고 '준비'(to prepare)되어 하나님의 자녀로 온전히 '갖추어지게'(to equip) 해야 한다.

넷째, 기독교 교육은 교육의 중요한 물음들을 만족시켜야 한다. 교육에는 중요한 물음이 있다. 그것은 "첫째로, 이 세계의 궁극적인 목적이 무엇인가, 인류의 궁극적인 목적은 무엇이고, 교육의 궁극적인 목적은 무엇인가? 둘째로, 이 세상과 인류의 본질은 무엇이며, 어떻게 그것을 배울 수 있는가? 셋째로, 이런 것들을 가르칠 수 있는 가장 탁월한 교육방법은 무엇인가? 넷째로, 어떻게 그 탁월한 방법들을 가장 잘 제시할 수가 있는가? 다섯째로, 그 교육의 실천에 대해 사람이 할 수 있는 구체적인 결정은 무엇인가" 하는 물음이다.[3]

이것은 교육의 목적과 본질, 내용, 방법, 실천에 대한 물음으로 축약해 볼 수 있다.

기독교 교육의 목적은 온전하게 되는 것이고, 그 본질은 곧 하나님이 계획하셨던 창조계획 속에 있는 자아실현을 구속계획 속에서 새롭게 완성하는 것이다. 따라서 교육의 내용은 온전함을 향해 날마다 새로워지는 것이라야 하며, 그 방법 역시 내용에 어울리며, 위로부터 나는 끊임없는 동기에 부응하는 것이어야 한다. 이 모든 것을 위한 실천은 먼저 기독교 교육자의 임무이고, 두 번째는 가르치는 자의 임무이며, 세 번째는 배우는 이가 이러한 이해 가운데서 신앙성숙과 교육의 내용을 한가지로 흡수할 수 있어야 하며, 마지막으로는 기독교적 세계관을 가진 모든 이들이 인간을 향한 하나님의 온전하신 계획하심에 날마다 반응함으로 실천할 수 있어야 한다.

이것이 우리 시대에 모든 이들의 임무이며, 과제이다.

---

[3] William Frankena, Philosophy of Education(N.Y.:Macmillan, 1965), pp. 7~9. (Adapted from Jim Wilhoit, Christian Education & the Search for Meanihg) Grand Rapids, MI:Baker Book House, 1991(1986), p. 126, Figure4).

## 연구를 위한 질문

1. 인간은 공동체와 어떠한 연관이 있는가? 신앙은 공동체와 어떠한 연관이 있는가? 창조, 타락, 은혜의 맥락에서 토의하시오.

2. 신앙성숙이 의미하는 바는 무엇인가?

3. 교회 공동체 안에서 기독교 교육의 역할은 무엇인가? 더 나은 역할은 없는가?

# 제7장 교회의 기독교 교육에 관한 임무

교회는 "내가 이 반석 위에 내 교회를 세우리니"라고 말씀하신 예수 그리스도로부터 시작된 공동체이다. 헬라어 신약 성경에는 교회가 '에클레시아'(ecclesia)로 표현되어 있다. 이 단어는 '불러냄을 받다, 부름을 입다'는 의미를 가진 에클레토스(eccletos)라는 단어와 '가정으로부터 공적인 장소로 불러냄을 받다'라는 의미를 지닌 에칼레오(eccaleo)라는 단어로부터 파생된 것이다. 이 의미에 의하면 교회는 예배를 위한 교인의 집합체로 정의 내릴 수 있다.

초대 교회에서는 교인의 자격이 '중생'이라는 영적 체험에 기초를 두어 예수 그리스도와의 관계 안에서 주어졌다. 이와 같이 모든 기독 교인은 중생을 통해서 그리스도의 몸된 교회의 일원이 될 수 있으며, 교회는 이로 인해서 단순한 조직이 아닌 유기체가 된다. 조직은 공동 목표를 달성하기 위해 구성된 개인의 공동체이지만, 교회는 하나의 유기체로서 각 신자들은 몸된 그리스도의 지체로 그리스도와 관련되어 그리스도의 다스림 하에 공동의 목표를 향해서 움직이는 통합체이다.

이러한 교회의 임무는 예수 그리스도의 임무와 동일하다. 예수 그리스도는 선지자요 제사장이요 왕으로서 보내심을 받아 이 땅에 오셨다. 이처럼 주인이신 그리스도의 삼중 사역을 이어받는 것이 교회의 최대 임무이다.

첫째로, 교회는 예수 그리스도께서 우리에게 전해 주신 진리 즉, 그의 인격, 하나님과 인간, 하나님 자신에 대한 진리, 그의 말씀, 인간에 대한 진리, 인간의 운명과 한계성 그리고 죄, 예수 그리스도를 통한 구속의 진리들을 우리의 후손들에게 전해 줌으로써 그리스도의 선지자적 사명을 이어 나가야 할 것이다.

둘째로, 교회는 또 예수님의 제사장적 사역을 이어 나가야 할 것이다. 제사장으로서의 예수님은 하나님과 인간의 관계를 화해하고 연합할 수 있도록 하셨다. 그는 맨 먼저 인간의 본성을 주장하시는 하나님과 우리와의 완전한 연합과 만족스런 관계를 이룰 것을 말씀하셨다. 그는 우리에게 하나님께 순종하고 찬양 드리는 것을 보여 주셨으며, 우리도 그처럼 하나님과 완전한 연합이 가능하도록 주님이 우리의 제사장이 되셨다. 교회도 이러한 제사장적 임무를 이어받아 하나님의 은혜의 선물이 교회를 통하여 인간에게 분배되도록 교회와 사역자들은 복음의 통로의 역할을 감당하여야 할 것이다.

셋째로, 교회는 그리스도의 왕적인 사역을 감당해야 한다. 교회는 성도들이 왕 되신 하나님께 자신을 완전히 헌신할 수 있도록 안내하고 훈계하며 가르치고 양육해야 할 임무가 있다. 또한 성도들로 하여금 세상에 나아가 빛과 소금의 역할뿐만 아니라 왕의 자녀로서 세상을 바르게 하고 불의와 악의 세력으로부터 지키며 보존해야 할 의무가 있음을 알게 하고 그 실행 방법을 가르쳐야 한다.

이러한 교회의 임무는 인간이 살아가는 전 영역에서 그러하듯이 교육의 힘을 입지 않고서는 불가능하다. 그러므로 교회가 가진 구체적인 임무들은 교회 안에서 수행해야 할 교육의 임무와 철저히 맞물려 있다. 교회의 임무를 수행하기 위하여 교회의 기독교 교육적 임무를 헤아려야만 한다. 교회의 기독교 교육 임무에 있어서 관건은 교회에서 어떠한 교육의 목표와 과정을 실행하고 평가하느냐에 달려 있다.

따라서 본 장에서는 좀더 구체적으로 교회교육의 성경적 근거를 설교와 가르침의 관계에서, 교회 기독교 교육의 계획을 그 목적과 형태와 프로그램에 따라, 마지막으로 기독교 교육의 방향성을 지도자 양성에 초점을 맞추어 교회의 기독교 교육에 관한 임무를 전개하려 한다.

## 설교와 가르침의 임무

말씀사역에 있어서 설교와 가르침은 특별한 구분 없이 혼용되어 왔다. 뿐만 아니라 개교회들은 설교를 모든 강단사역과 동일시 하고 있다. 강단에서 이루어지는 것이라면 복음의 선포, 성경 강해, 가르침, 권고, 지시 모두를 설교라고 보고 있는 것이다. 그리고 그 외의 활동, 즉 분반공부, 성경공부, 그룹활동 등 강단 외의 장소에서 이루어지는 것은 모두 가르침이라고 여긴다. 그러나 정말로 설교와 가르침은 행해지는 장소에 따라서 구분할 수 있는 것일까? 그것은 다소 의문스럽다.

캠브리지대학 교수인 다드(C. H. Dodd)는 설교와 가르침을 엄밀히 구분했다. 설교, 즉 선포(케리그마)는 이방세계에 기독교를 공적으로 선포하는 것이고, 가르침(디다케)은 대부분 윤리적인 권고로써 흔히 변증적이라고 하는 것, 즉 기독교에 관심은 있으나 확신하고 돌아오지 않는 사람들에게 기독교를 논리적으로 소개하는 것, 그리고 신학적 교의에 관한 강해를 포함한다고 말했다. 그러므로 그는 불신자들에게 선포하는 구속의 메시지와 신자들을 대상으로 하는 윤리적인 가르침을 구분한다.

다드의 말이 논리적으로 옳다. 하지만 그것은 실제로 구분되어져야 할 것이 아니라 논리적으로만 구별되어져야 하는 것이다. 왜냐하면, 하나님의 말씀이 설교(선포)와 가르침으로 나뉘지 않았고, 오히려 말씀이 하나님의 나라를 주제로 하는 통일성을 지녔기 때문이다. 더욱이 예수님도 설교와 가르침의 행위를 구분하지는 않으셨다. 대표적으로 산상수훈에서 예수님은 하나님의 나라를 전파(설교/선포)함과 동시에 윤리적 헌장을 말씀하셨다. 또한 예수님이 전파하며 가르치실 때에 그곳에는 신자와 불신자가 모두 있었다. 오늘날에도 신자와 불신자를 나누어 설교나 가르침의 행위가 이루어지지는 않는다.

이렇게 가르침과 설교(선포)가 그 내용이나 청중에 근거하여 명확히 나눌 수 없는 것이라면 그것들은 어떤 점에서 다를까? 본질적으로 가르침과 선포는 그 형태에 있어서 다를 뿐이다. 선포는 신, 불신을 막론하고 죄인인 사람들에게 하나님의 말씀을 선포하여 회개하고 믿도록 그를 부르는 일이다. 불신자들에게 있어서 설교는 그의 생명을 주관하는 죄로부터 돌아서게 하여 구주이신 그리스도에게로 돌아오도록 하는 부름이다. 또한 신자들에게 있어서는 특정한 죄를 포함한 죄의 회개를 요청하며, 그의 안에 있는 신앙의 은사를 자극하는 부름이 된다. 가르침은 학생과 교사 사이의 인격적인 관계의 장(context)에서 일어난다. 그것은 다양한 가르침의 수단들(강해, 시범, 예화 등)을 총동원해서, 학습자인 사람에게(그가 신자이든 불신자이든 상관없이) 하나님 말씀의 지식을 얻도록 함으로써 그 지식이 그의 삶 속에 동화될 수 있게 하는 것이다.[4]

## 교회 기독교 교육의 계획, 형태, 프로그램 형성의 임무

교회는 교육적 사명을 띠고 있다. 교회는 예수님의 사역에 기본 방향을 맞추고 교회의 근본 임무를 수행해야 한다. 또한 교회의 교육 계획, 및 교육 형태, 프로그램 등은 교회의 목적과 방향에 부합해야 한다. 대부분 교회와 주일학교가 이 점을 등한시 할 때 교회 기독교 교육은 매우 비효과적, 비능률적이 될 수밖에 없으며, 질적으로도 저하된다. 이에 다음은 성경적 근거를 들어 교회 기독교 교육의 계획 및 형태, 프로그램 등을 제시하려 한다.

### 1) 교회 기독교 교육의 계획

교회 기독교 교육의 길잡이가 될 만한 계획은 교수-학습의 동기를 부여할 뿐만 아니라 교육의 교재와 방법 선택의 길잡이가 된다. 허버트 번(H. W. Byrne)은 다음의 여덟 가지를 기독교 교육의 목적으로

---

4) N. E. Harper, 이승구 역, 현대 기독교교육 (서울 : 도서출판 엠마오, 1993(1984)), 5장.

제시하였는데, 여기서는 기독교 교육의 계획 과정으로 흡수하여 살펴보고자 한다.[5]

(1) 사람을 찾는다.
"인자가 온 것은 잃어버린 자를 찾아 구원하려 함이니라"(눅 19:10).
"눈을 들어 밭을 보라 희어져 추수하게 되었도다"(요 4:35).
대부분의 교회는 사람을 찾으러 나가기보다는 교회를 찾아온 사람들을 교육하기에 바쁘고 또 사람들이 저절로 교회에 찾아오리라 믿는 경향이 있다. 그러나 우리가 예수님을 찾기 이전에 예수님이 우리를 찾아오신 것처럼 교회의 교육 계획에는 사람을 찾는 것이 일차적이어야 한다. 그리스도를 모신 성도가 먼저 불신자들을 찾아가야 하고 그들에게 하나님의 뜻을 전달해야 한다.

(2) 사람을 획득한다.
"너희가……내 증인이 되리라"(행 1:8).
"너희는 가서 모든 민족을 제자로 삼아……모든 것을 가르쳐 지키게 하라"(마 28:19~20).
사람을 찾은 후에는 복음을 전해야 한다. 복음을 전하는 것은 모든 기독교인의 일이다. 사실상 전도 없는 기독교 교육은 기독교적인 것이 되지 못한다. 전도를 통해서 기독교 교육의 대상자를 얻을 수 있기 때문에 전도는 교육의 시작을 위해 중요한 계획으로 포함되어야 한다. 또한 전도는 성경의 가르침을 통해 이루어질 수 있다.

(3) 성도를 보존한다.
"너희가 그리스도 예수를 주로 받았으니 그 안에서 행하되 그 안에 뿌리를 박으며 세움을 받아 교훈을 받은 대로 믿음에 굳게 서서 감사함을 넘치게 하라"(골 2:6~7).

---

[5] H. W. Byrne, 신청기 역, 교회중심의 기독교교육(서울 : 생명의 말씀사, 1985), 1장.

사람을 찾아 그리스도에게로 나오게 한 다음의 계획은 그를 보존시키는 일이다. 사람을 찾아서 영접하도록 하는 것은 비교적 수월하나 세움을 입어 믿음에 굳게 서도록 보존하는 것은 쉬운 일이 아니며, 단시간에 이루어지는 일은 더더욱 아니다. 그럼에도 불구하고 교회는 성도의 보존을 위해 여러 종류의 경험을 할 수 있는 기회를 제공해야 하며, 프로그램을 통해 그리스도를 닮는 체험과 활동을 할 수 있도록 함으로써 그리스도를 닮은 인격의 보존을 위해 힘을 기울여야 하겠다.

(4) 지식을 얻게 한다.
"오직 우리 주 곧 구주 예수 그리스도의 은혜와 그를 아는 지식에서 자라 가라"(벧후 3:18).
"진리를 알지니 진리가 너희를 자유케 하리라"(요 8:32).
우리는 사람들을 찾아서 그리스도를 영접하게 하고 그들을 보존시키는 일 외에 신앙 안에 있는 그들의 지적 발전에도 중대한 관심을 두어야 하며 가장 거룩한 신앙 안에서 성장해 가기를 원해야 한다. 성경을 알게 하고 말씀을 가르쳐야 한다. 지식은 사람들로 하여금 위대한 이상과 신앙의 원리를 가르쳐서 이들에게 참으로 확고한 신앙을 유지하고 삶의 문제를 해결할 수 있는 능력을 줌으로써 성장하고 성숙하도록 인도하기 위한 교훈을 제공한다. 그러므로 교회는 더욱 체계적이고 완벽한 가르침을 제공하는 것이 필수적인 사역임을 깨달아야 할 것이다.

(5) 성화를 이루게 한다.
기독교인의 삶은 진리와 하나님의 섭리로 인도되는 길이며 생명의 길이다. 그리고 이는 무엇을 알아야 하는 것이고, 보다 훌륭한 것을 해내야 하며, 가장 훌륭한 것으로 되어야 하는 삶이다. 이러한 삶은 변화와 중생의 다음에도 계속된다. 이것은 날마다 새로워지는 것이고 점차적으로 온전해지는 것이다. 다시 말하면, 그리스도의 거룩하심을 닮아 거룩해져 가는 과정이다. 교회의 교육임무에서 가장 많이 차지하는 부분이기도 하다. 대부분의 사람들이 이 과정에 많이 있기 때문에 그러하다. 그러므로 교회의 교육 프로그램이 거의 이 성화의 과정을 겨냥해도 무리가 없을 것이다.

(6) 헌신하게 한다.

성도의 헌신을 다른 각도에서 보면, 성도의 활용이라고도 말할 수 있다. 성화의 과정에서 그리스도와 깊은 체험을 한 사람은 비로소 헌신에 대해서도 마음이 열린다. 교회는 이러한 사람들을 적재적소에 배치하여 그리스도의 몸을 세우는 데 활용할 필요가 있다. 사실 모든 그리스도인은 봉사하도록 부르심을 받았다. 즉, 그리스도의 몸을 세우도록 부르심을 받은 것이다. 따라서 이것은 모든 그리스도인의 역할이기도 하다. 모든 그리스도인은 그리스도의 전권대사요 그와 함께 일하는 동역자이다. 교회는 이에 맞는 봉사와 교육 프로그램을 마련하여 봉사, 헌신, 리더십의 개발, 청지기의 역할 등에 역점을 두어야 할 것이다.

(7) 감독하게 한다.

"너는 진리의 말씀을 옳게 분별하며 부끄러울 것이 없는 일꾼으로 인정된 자로 자신을 하나님 앞에 드리기를 힘쓰라"(딤후 2:15).

앞의 계획들을 보다 면밀히 이행하기 위해서는 감독의 계획도 뒤따라야 한다. 감독은 자기 스스로 자신을 쳐서 복종케 하는 유형과 교육 프로그램의 일환으로 짜여진 유형의 두 가지가 있다. 전자는 헌신된 성도가 스스로 하나님 앞에서 힘써야 할 것을 가르쳐야 할 교회의 교육의무를 말해 주며, 후자는 교회의 구체적인 계획으로서 목표와 방향에 대한 지속적인 확인, 관련된 인원, 방법, 메시지, 시간과 장소, 예산 등에 대한 검토계획을 모두 포함한다. 이러한 감독은 보다 면밀하게 질적인 교육이 이루어지도록 기여할 것이다.

(8) 성숙을 도모한다.

"이는 하나님의 사람으로 온전하게 하며 모든 선한 일을 행할 능력을 갖추게 하려 함이라"(딤후 3:17).

마지막 계획은 그리스도인의 성숙이고, 그리스도를 닮는 인격체의 완성이다. 교회의 궁극적 교육목표이기도 하다. 이것은 성화를 이루어 가는 데 있어서 최고의 절정이다. 성숙한 그리스도인은 하나님 나라의 완성을 위해서도 기여한다. 헌신이 개인적 단계라면 성숙은 그리스도 적인 사회를 위한 단계이다. 교회의 교육은 성숙한 그리스도인을 배출하여 천국을 확장시키고, 이 세상을 비전 있는 하나님의 왕국으로 회복시킬 책임을 짊어져야 한다.

이러한 교회 안의 기독교 교육에 대한 기본 계획 과정은 교육의 형태를 형성하고 세부적인 프로그램을 작성하는 데 길잡이가 되어 줄 것이다.

### 2) 교회 기독교 교육의 형태와 프로그램

교회의 기독교 교육의 형태는 초대 교회의 모형에 따라 네 가지로 말할 수 있다. 그것은 전도(케리그마/선포)와 교육(디다케/가르침)과 교제(코이노니아)와 봉사(디아코니아)이다. 이 네 가지는 서로 밀접히 관련되어 있다. 전도에 교육과 교제와 봉사가 수반되며, 교육에 전도와 교제와 봉사가 수반되며, 교제에 전도와 교육과 봉사가 함께 하며, 봉사에도 전도와 교육과 교제가 함께 어우러진다. 이들은 모두 기독교 교육이라는 하나의 수레바퀴를 이루는 사방(四方)의 축과도 같다. 어느 축 하나라도 기울면 수레가 잘 굴러가지 않는 것처럼 이 네 가지의 형태가 서로 조화롭게 균형을 이룰 때 질적으로 우수한 기독교 교육을 이루게 된다.

그러면 이 네 가지 형태에 따른 프로그램을 살펴보기로 하자.

(1) 전도는 기독교 교육의 시작이며 핵심이다.

변화와 중생은 기독교인의 인격과 봉사를 개발하는 과정으로 들어가기 위한 문이다. 따라서 기독교 교육의 전략은 복음주의적인 것으로 영혼구원과 교육이 결합되어야 하며, 프로그램에는 전도를 배우고 실천할 수 있는 기회가 반드시 포함되어야 하겠다. 다음은 전도를 위한 교육 프로그램의 예이다.

| 영혼구원 계획 | 등록 및 참석을 위한 계획 | 결석자 후속조치 |
|---|---|---|
| 인원조사 | 선교학교 | 전도기술 강습 |
| 선교 | 교회회원 및 기독교인 생활반 | 심방 및 방문 |

담임목사와 주일학교 부장은 이와 같은 프로그램들을 응용하고 재조정하여 주일학교의 전도 프로그램을 발전시키고 교육의 한 형태로 정착시켜 나가야 하겠다.

(2) 기독교 교육의 작은 개념은 가르침이다.

가르침은 영혼을 구원하는 일 외에 구원받은 성도의 신앙을 유지시키고 신앙 안에서 성장하도록 하며 그리스도를 닮은 인격을 계발하도록 영양분을 공급하는 것이다. 효과적이고도 효율적인 프로그램을 작성하여 담임목사의 총감독과 부장의 지휘 아래 이루어지는 교육적인 측면은 전도의 측면 못지않게 강조되어야 한다. 이 때 주의할 점은 교육과 전도가 서로 분리되지 않도록 하는 것이다. 다음은 포괄적인 교육프로그램을 다양하게 나열한 것이다.

| 성경공부 | 기독교 교리 | 기독교 윤리 |
|---|---|---|
| 교회 역사, 조직, 정치 | 선교 | 교사 훈련 |
| 리더십 교육 및 개발 | 청지기직 | 사회 활동 |
| 전도 기법 | 예배 | 친교 및 레크리에이션 |
| 기도 | 기독교적인 가정 형성 | 기독교인의 시민권 |
| 기독교 문화 | 봉사 | 경건한 예술 (그림, 소설 등) |

(3) 교제는 초대교회의 모습에서 가장 대표적으로 볼 수 있는 형태이다.

"그들이 사도의 가르침을 받아 서로 교제하고 떡을 떼며 오로지 기도하기를 힘쓰니라"(행 2:42). 오늘날 교회들은 초대교회의 모형을 교육적으로 흡수할 필요가 있다. 그 명칭이 '사회생활 선교'이든지 '친교'이든지 상관없다.

중요한 것은 참다운 교제의 정신을 받아들여 "떡을 떼며 기도하기를"에서와 같이 기독교적인 교제를 개발함으로써 복음의 체험을 공유하고, 상호이해를 더욱 깊이 하며, 서로서로 그리스도인으로서 인격을 계발하도록 돕는 것이다. 교제의 프로그램에는 다음과 같은 것들이 있다.

| 함께 중보하기 | 고통의 문제 나누어 지기 | 레크리에이션 |
|---|---|---|
| 여가시간 활용 계획 | 기독교 윤리 | 기독교적 운동경기 |
| 사회적 에티켓 | 기독교 문화 | 리더십 개발 |
| 인격 계발, 사기 진작 | 타교육 프로그램과의 연계 | 그리스도 정신 개발 |

(4) 봉사는 현 시점에서 특별한 주의를 필요로 하는 것이다.

전도와 교육과 교제에 대한 훈련이 빈약한 사람에게는 봉사활동이 오히려 위험스러울 수 있다. 봉사는 균형 잡힌 신앙인이 헌신의 마음으로 교회의 몸을 세우는 데 이바지하는 것이다. 봉사활동에 참여하는 것은 사회적 복지, 인격 형성, 그리고 복음적 진리를 실천하는 실제적인 신앙의 한 모습이다.

따라서 봉사는 교육의 실습임과 동시에 교육받은 자를 위한 역할의 장이기도 하다. 더불어 교육의 프로그램에도 봉사가 포함되어야 한다. 봉사의 프로그램에는 다음과 같은 것들이 있다.

| 청지기직 | 교회 몸 세우기 | 교회와 지체의 연합 |
|---|---|---|
| 봉사의 덕 | 그리스도인과의 수평교제 | 교회의 질서 |
| 직분과 직위 | 역할과 기능 | 사회복지 |
| 노인 교육 | 어린이집/선교원 | 지역사회 문화봉사 |

위와 같이 기독교 교육의 형태에 따른 프로그램들을 교육의 구체적 계획으로 열거하였다. 이 프로그램들은 개교회의 형편과 규모에 맞게 재조정하여야 한다. 또한 그 계획을 수행함에 있어서 반드시 기억할 것들이 있는데 다음과 같다. 첫째, 모든 프로그램은 하나의 교육 프로그램으로서 통일성을 띠어야 한다. 둘째, 모든 형태는 서로 긴밀한 연관성을 맺어야 한다. 셋째, 어떠한 프로그램도 강요되어서는 안된다. 넷째, 모든 프로그램은 포괄성을 띠어야 한다. 다섯째, 모든 프로그램은 대상자의 연령과 신앙의 형편을 고려하여야 한다. 여섯째, 모든 교육계획은 영적이어야 한다.

## 복음주의적 지도자 양성의 임무

비단, 교회가 아니더라도 우리가 사는 사회와 국가에서 더욱 필요한 인력은 바로 복음주의적인 지도자이다. 복음주의적인 지도자는 일반 학교에서 양성되지 않는다. 사회의 정의가 점점 무력해지고 국가의 도덕기준이 희미해질 때 복음주의적 지도자는 더욱 필요하다. 현 시대의 우리나라 기독교인이라면 누구나 공감하는 것이 참된 복음주의적 지도자가 필요하다는 것이다. 이름뿐인 기독교인은 오히려 해가 될 뿐임을 잘 알고 있다.

참된 복음주의적 지도자를 양성해야 할 임무는 바로 교회의 임무이다. 또한 거짓된 지도자를 배출했다면 그 책임도 교회에 있는 것이다. 그러므로 지도자를 양성하는 것이 목적이 아니라 참된 복음주의적 지도자를 양성하는 것이 목적이어야 하며, 교육하는 행위가 중요한 것이 아니라 어떻게, 무엇을 교육하느냐가 중요한 것이다.

그렇다면 지도자란 어떠한 자를 말하며, 참된 복음주의적 지도자는 누구인가? 일반적으로 지도자는 권위, 통솔, 행정, 효과, 우월, 패권, 요령, 능력, 권세 등을 지닌 자로 대장, 지휘관, 우두머리, 통치자, 지배자의 의미로 받아들여져 왔다. 그러나 기독교 지도자는 이러한 의미와 뚜렷이 구분되어 받아들여져야 한다. 즉, 복음주의적 지도자는 이끌어 주고(lead), 안내하고(guide), 지시하는(direct) 자를 말한다. 다시 말해서 복음주의적 지도자는 그가 소속한 조직 안에서 앞서가며 이끌어 주고, 조직과 함께 걸으면서 안내하고 설명하며, 분명한 방향과 목표를 주시하도록 지시하는 자이다.

이러한 복음주의적 지도자 양성을 위해서 교회는 바른 지도력의 모본을 보일 뿐만 아니라 지도자 양성 교육을 반드시 실시할 필요가 있다. 복음주의 지도자는 소명의식이 있어야 하고, 말씀연구와 기도에 시간을 할애할 줄 알아야 하며, 자기분야에 대한 기독교적 비전과 통찰력이 있어야 한다. 또한 하나님의 사역의 일부를 담당하는 자로서 정직과 열정이 있어야 한다. 그 다음에 그 분야에 대한 탁월한 능력이 덧붙여져야 한다.

교회의 기독교 교육이 선지자적 임무를 지니고 있다면, 그것은 화려한 사회봉사와 명목상의 외침인 사회개혁 이전에 바른 복음주의적 지도자 양성에 있음이 분명하다.

## 연구를 위한 질문

1. 교회의 기독교 교육에 관한 임무는 무엇인가? 또 다른 것은 없는가?

2. 기독교 교육의 계획 과정 8단계는 무엇인가?

3. 복음주의적 지도자가 교회와 사회, 국가에 미치는 영향과 잘못된 지도자가 미치는 영향을 예를 들어 설명해 보시오.

# 제8장 기독교 교육 과정철학 및 방법철학

지속적이고 타당한 교육과정은 일관성 있는 형이상학적, 인식론적 바탕에 근거한다. 그러므로 철학적 접근이 다르면 교육의 과정 및 방법도 다르다. 철학적 접근이 다름에도 불구하고 교회 안에 세속적 학문의 흐름이 분별없이 흡수되어 온 것은 교육의 일관성을 깨뜨리는 원인이다. 이제 기독교 교육의 철학에 근거하여 기독교 교육 과정 및 방법의 기본원리를 바르게 정립함으로써 지속적인 교회 내 기독교 교육의 체계를 이루어야 하겠다.

## 기독교 교육 과정철학

"모든 진리는 하나님의 진리이다." 이 말은 기독교 교육과정의 기초적인 가정을 이루는 말이다. 흔히 우리는 일반 교육과정과 기독교 교육과정으로 구분한다. 그리고 일반 교육과정 즉 세속 교육과정에는 6일간의 시간을 할애하고 기독교 교육과정에는 단 하루의 시간을 할애한다. 우리의 사고는 모든 진리가 하나님의 진리라고 믿기보다는 교회 밖의 진리와 교회 안의 진리가 있다는 이원론에 고정되어 있다. 심지어 혹자는 일반 교육과정에 기독교 교육과정이 포함되어 있는 것으로 간주한다. '일반 교육과정'이라는 어휘 자체가 마치 일반 교육과정이

어느 교육과정보다도 포괄적인 것처럼 여기도록 하고 있다.

그러므로 여기서는 일반 교육과정이라는 말 대신에 '세속 교육과정'으로 통일시켜 말하도록 하겠다. 사실, 앞의 혹자들의 견해는 완전히 뒤바뀌어야 한다. 기독교 교육과정이 모든 교육과정을 포괄하고 있다는 뜻이다. 교육과정은 교육철학에서 나오고, 교육철학은 진리에서 나오며, 진리는 하나님이시다. 기독교 교육만큼 교육대상자를 바르게 파악하고 교육대상자의 궁극적 필요를 아는 교육은 없다. 이는 곧 모든 교육과정은 기독교 교육과정이어야 함을 역력히 보여주고 있는 것이다.

### 1) 기독교 교육과정의 개념

교육과정(curriculum)의 어원은 '순환 경주로'를 의미하는 라틴어(currere)에서 유래되었다. 즉, '달리는 도로 혹은 통로'라는 뜻으로서 출발점에서 일정한 목표점을 향하여 달리는 유목적적(有目的的)인 과정을 의미한다. 이러한 의미를 어떻게 해석하느냐에 의해서 교육과정의 개념은 협의의 개념과 광의의 개념으로 나누어 볼 수 있다.

협의의 교육과정 개념은 학습을 위한 보조자료로 사용되는 인쇄물 혹은 교재(교과)를 의미한다. 반면에 광의의 교육과정 개념은 모든 학습자료와 자원뿐만 아니라 학생의 경험, 수업계획, 교수-학습의 과정, 활동 및 시공간의 환경, 교구, 교사 등 교육의 자원을 총망라한 것을 의미한다. 이보다 더 세부적으로 협의의 교육과정 개념을 성경의 구절로부터 시작하여 광의의 교육과정 개념을 생활자체로 분류한 학자들도 있으나 너무 세분화 하였기에 여기서는 두 범위로만 생각해 보기로 한다.

그러면 기독교 교육과정이란 무엇인가? 기독교 교육과정이란 교육의 과정 안에서 예수 그리스도의 권위와 가르침이 실현되는 것이며, 모든 교과는 그리스도의 진리를 밝히는 것이다. 또한 목적이 그리스도 중심이어야 하며, 하나님의 말씀인 성경이 원리가 되어 그 원천에 따라야 하는 것이다. 실제로 주일학교에 있어서 교육과정은 그것이 협의의 개념이든지 광의의 개념이든지 학습자로 하여금 그의 전 인생을 하나님 앞에서 하나님의 뜻을 행하도록 하나님에 의해 인도된 경험들로서 교훈, 예배, 전도, 교제, 봉사 등을 포함한다.

특별히 그러한 교육과정에는 네 가지의 주요 개념이 논의되고 있음을 허버트 번(H. W. Byrne) 박사를 통해 알 수 있다.[6]

그것은 곧 지식 개념, 훈련 개념, 사회적 개념, 창조적 개념에 대한 논의이다. 이 개념들은 부분적으로 수용 가능하나 기독교 교육과정의 개념 안에서 다시 정돈되어야 할 약점들을 가지고 있다. 이에 다음의 논의를 통하여 그 개념들을 보완하기로 한다.

첫째, 지식 개념이란 실제적인 교육자료가 지적인 숙달을 위해 조직되는 것이다. 교과는 양적인 기준에 따라 단계별로 구성되어 있다. 따라서 교육은 학습자가 기억하고 축적한 지식의 양에 의해 측정된다. 기독교 교육과정의 개념은 이러한 지식 개념을 수정하여 전인 개념을 세움이 옳다. 교육은 실제로 지식의 차원에서만 아니라 전인의 차원 즉, 지적, 정서적, 신체적, 영적인 차원에서 일어나야 한다.

둘째, 훈련 개념이란 학습자의 지성적인 능력과 역량을 훈련시키고 계발하는 것이다. 여기서는 학습자가 무엇을 배우느냐의 내용보다 어떻게 배우느냐 하는 방법에 더 초점을 둔다. 기독교 교육과정은 이러한 개념을 전면 부정하지는 않는다. 하지만 법칙과 원리를 제쳐 둔 지식위주의 학습이나 암기위주의 훈련은 배제되어야 한다. 이를 위해서 필요한 것은 훈련 개념에 이해 개념을 더하는 것이다. 이해 개념은 훈련 개념이 가져오는 기계적 폐단을 막아 주는 역할을 할 것이다.

셋째, 사회적 개념은 학습자의 필요를 사회구조 안의 기능의 필요로부터 발견하는 것이다. 즉, 역동적인 사회변화가 교육의 주요 변수로 작용한다. 사회의 변화와 혼동에도 교육과정이 유연성 있게 대처하지 못하는 것에 비하면, 교육과정에 있어 사회적 개념을 강조하는 것은

---

6) H. W. Byrne, 신현광 역, 기독교 교육학 총론(서울 : 민영사, 1992(1988)), 제6장.

당연하다. 하지만, 학습자보다 사회가 더 중요한 교육의 객체가 되거나, 변화하는 사회의 흐름을 모두 좇으려는 지나친 유연성은 오히려 혼란과 혼동을 초래할 뿐이다. 오히려 기독교 교육과정의 개념은 사회의 위기 속에서도 요동하지 않는, 사회적 상황을 초월하여 존재하는 진리의 개념과 함께해야 하겠다.

넷째, 창조적 개념은 학습자가 창조적 능력을 소유하고 있음을 인정하고, 그러한 창조적인 능력을 발달시키는 과정을 교육의 주된 목적으로 삼는 것을 말한다. 따라서 학습활동은 이러한 능력을 자극하도록 조정하여 자기 표현, 자기 평가, 자기 활동, 동기 유발 등에 초점을 맞춘다. 다른 개념을 무시하고 창조적 개념에만 몰입하면, 전수되어 온 문화유산과 선재하는 기독교 진리까지도 중요하게 여기지 않을 수도 있다. 또한 자기 표현을 중시하다 보면 표현의 질을 판단하기 위한 기준까지도 사라지고 만다. 결국 자기 자신이 자기의 법이 될 수도 있다. 이러한 폐단을 제외한다면, 창조적 개념은 아동과 아동의 본성을 진리 안에서 중요시하는 기독교 교육과정의 개념과도 맥을 같이 할 수 있다.

이와 같이 개념들에 대한 논의를 통하여 개념들을 재조정하더라도 좀더 확실한 근거가 필요하다. 바로 성경에 기초한, 성경을 근거로 하는 교육과정의 개념으로 나아가야 할 것이다.

## 2) 기독교 교육과정을 위한 성경적 기초

기독교 교육과정은 그 개념이 협의의 개념이든지 광의의 개념이든지 하나님의 말씀과 더불어 시작된다. 그것은 하나님 중심이며, 그리스도 중심이고, 성경 중심이다. 이는 모두 같은 의미로 받아들여진다. 다양한 교육과정의 개념들을 통합하고 일관성 있게 바라보게 하는 개념은 바로 이러한 성경의 기초에 기인할 때 가능하다.

성경은 모든 진리의 원천이며, 우주 만물의 근원이신 하나님의 말씀이기 때문이다. 하나님은 성경을 통해서 말씀하시며, 그리스도인은 성령에 의한 중생으로 성경에 기초한 기독교적 이해를 취한다. 이와는 달리 중생하지 않은 사람은 창조(세상) 안에서 찾으며, 창조(세상) 안에서 이해할 수밖에 없다. 중생한 사람이 아니고서는 성경에 기초한 올바른 개념을 이해할 수 없다.

성경에 기초한 교육과정은 기독교 신학적, 기독교 철학적, 기독교 세계관적인 기초도 역시 제공한다. 게다가 그것은 하나님의 구속 계획과도 직결된다.

"생육하고 번성하여 땅에 충만하라, 땅을 정복하라, 바다의 물고기와 하늘의 새와 땅에 움직이는 모든 생물을 다스리라"(창 1:28).

이것은 잘 알려진 문화 명령이다. 하나님은 인간에게 확실한 문화적 책임을 부여하셨다. 따라서 사람은 하나님의 문화 명령이면서 동시에 문화에 대한 구속의 명령을 받아들여 문화를 바르게 하고 성장시킬 책임이 있다. 그런데 문화를 바르게 하고 성장시키는 문화적 환경은 교육의 과정이 되기도 하고, 교육의 매체를 제공하기도 한다. 따라서 문화를 바르게 하는 것은 교육과정에 대한 명령이기도 하다.

### 3) 기독교 교육과정의 구성을 위한 기본 원리

교육과정의 구성은 성경에 기초하여 교사가 계획하는 것이다. 계획하기에 앞서 교사는 기도와 말씀연구를 통하여 하나님의 뜻인 목적에 합한 계획인지 조명을 받아야 하며, 그룹의 특정한 필요들, 흥미, 학습능력 등을 철저히 연구하지 않으면 안 된다. 그리고 학습자의 필요를 살펴야 한다. 왜냐하면 몇 가지 교육과정의 계획이 학습자의 사정에 따라 실제적이지 못할 경우가 발생할 수도 있기 때문이다. 또한 예상하지 못했던 학습자들의 문제들을 수용해야 한다. 그러나 무조건적인 수용이 아니라 아래의 기본 원리에 입각한 수용이라야 한다. 가령 학생의 욕구를 채우기 위하여 더 중요한 교육의 목적을 희생시켜서는 안 된다는 것이다. 그러한 문제들에 대한 해답을 찾은 후에 최종적인 교육과정을 계획하는 것이 바람직한 교육과정의 구성이다.
 그러면 교육과정의 구성을 위한 기본 원리를 좀더 세부적으로 알아 보기로 하자. 이것은 번 박사의 원리를 간추려 놓은 것이다.[7]

(1) 그리스도는 모든 교육과정의 감독이다.
① 삼위일체 하나님은 교육과정의 중심이다. 하나님을 경외하는 것이 지혜의 근본이다.
② 창조와 계시는 교육과정의 구성과 전개의 기초를 마련해 준다.
③ 구속주이며 중보자이신 그리스도는 성령을 통하여 교육과정 속에서 학생과 만나게 되는 분이시다.
④ 그리스도는 인생의 중심이시며 기독교 교육의 메시지이시다. 그리스도는 그의 몸된 교회의 머리가 되신다.
⑤ 기독교 교육의 전체 과정은 성령의 임재와 능력에 의존해야 한다. 성령께서는 진리와 생명과 성결의 신으로서 확신과 중생과 교훈을 가져다 주신다.
⑥ 중생하게 하고 거룩하게 하는 성령의 능력을 통하여 그리스도의 형상을 닮아 가는 것은 개인적으로나 사회적으로나 기독교 교육의 목적인 것이다.
⑦ 예배는 기독교 교육에 있어서 근본적인 것이다. 왜냐하면 개인적으로, 공동적으로 직접 하나님과 대면할 수 있는 것은 그리스도를 통한 예배로 말미암기 때문이다. 또한 예배는 성령의 감화와 교훈을 마련하여 주는 까닭이다.
⑧ 기독교 교육의 모든 내용은 그리스도의 생애와 교훈에 조화를 이루어야 한다. 신앙교리는 그리스도 안에 중심을 두게 될 것이다. 교리는 교과의 통합과 상호관계를 위한 기초를 제공해 준다.
⑨ 모든 교재는 그리스도의 생애와 사역의 기준에서 평가되어야 하며 기독교 교육의 목표를 성취하기 위해 사용되어야 한다.

---

7) 상게서

(2) 성경은 완전한 교육과정이다.
① 교육과정은 성경을 영감된 하나님의 말씀으로 인식한다. 성경은 하나님과 인간과 세계에 관한 진리의 주된 원천이다.
② 교육과정은 구속이 성경의 주된 주제임을 인식하게 될 것이다.
③ 기독교의 역사와 교리의 전체 유산은 성경과 관련을 맺고 교육과정에서 사용될 것이다.
④ 성경은 인간 최고의 윤리적 가치의 기록으로 인식되어야 할 것이다. 성경은 신앙과 실천을 위한 규범이다.
⑤ 성경에 내포된 윤리적 원리는 일상 생활 속에 경험하고 있는 인간의 전 영역에 적용되어야 할 것이다.
⑥ 성경의 모든 진리는 교육과정 내용의 여러 가지 문제의 처리를 잘 제시해 주고 있다.
⑦ 교육과정은 성경기록을 기준으로 하여 전개해 나아가야 될 것을 강조해야 한다.
⑧ 학습자가 하나님의 계시인 성경을 편람하는 중에 지도를 받아야 한다. 이와 같이 개별적으로나 집단적으로 드리는 예배 때에 사용하고 있는 성경의 가치를 충분히 인식해야 한다.
⑨ 성경의 구조와 조직의 역할을 등한시해서는 안 된다.
⑩ 성경 외적인 교재는 성경의 교재를 보조하는 것이라야 한다.
⑪ 계단공과의 원칙은 학교 학년제에 따르는 다양한 학년과 연령에 따라 성경의 진리를 적용함에 있어서 인식되어야 한다.

(3) 교육과정은 학생과의 연관성이 있어야 한다.
① 교육과정에서는 학생들에게 창조, 타락, 구속의 신학적 입장을 제시하여야 한다.
② 그러므로 교육과정의 목적은 학생이 그리스도와 같은 인격을 소유하려는 목적을 이루는 데 공헌해야 한다.
③ 교육과정은 학생들의 생활 가운데 사랑과 신앙 그리고 복종의 생활방식을 이룩하도록 기획해야 한다.

④ 학생들은 자신을 하나님의 뜻에 위탁하고 그분과의 영적 친교의 생활을 하도록 강력한 동기를 부여받아야 한다.
⑤ 학생의 전체적인 성격은 학생의 전체 환경과 관련하여 발전되어야 한다.
⑥ 그리스도의 몸인 교회의 한 부분으로서 학생들은 그리스도의 왕국 건설을 도모하는 교회의 프로그램에 참여하도록 강조되어야 한다.
⑦ 교육과정은 개별적으로 사회적으로 연관된 분야들에 있어서 학생들의 필요와 경험을 인식해야 한다.
⑧ 교육과정은 기독교 교육 프로그램 가운데 가정에서의 경험을 이용하는 데 있어 지침을 제공하여야 한다.
⑨ 개개인의 직업적인 문제는 교육과정 속에 잘 처리되어 있어야 한다.
⑩ 교육과정의 조직과 전개는 이미 잘 알려진 심리학적, 그리고 교육학적인 원리로 잘 제시되어야 한다.
⑪ 관심을 끌며 실제적이고 아주 우수한 교재들을 마련해야 한다.

(4) 교육과정은 사회적으로도 적용된다.
① 인간의 일반적인 요구는 교육과정 가운데 강조되어야 한다.
② 전도와 확장의 포괄적인 프로그램은 교육과정으로서 마련되어야 한다.
③ 개인과 교회에 대한 역동적인 동기부여로서 선교적 확장의 명령은 강조되어야 한다.
④ 교육과정은 급격한 사회의 변화와 과학과 기술의 세계에 처한 학습자를 중심으로 해야 하며 또한 교육과정은 절대자로서의 하나님에 대한 인식과 하나님과의 영적 친교로 안전감을 학습자에게 제공해 주어야 한다.
⑤ 교육과정은 현실의 문제들과 연관되어야 할 것이다. 그리고 그것은 현실 사회의 실정들을 잘 설명해 주어야 한다.

⑥ 기독교적인 이상 사회, 즉 그 왕국은 사회적 관계, 경제, 노동, 재정 등에 대한 함축된 의미와 함께 교육과정에서 잘 제시해 주어야 한다.
⑦ 교육과정은 사회적 문제들의 해결을 위한 기독교적 제안들을 제공해야 한다.
⑧ 교육과정은 현실의 사회적 환경이 죄와 배교로 특징이 되어 있는 사실에 강조를 두는 것이 마땅하다.
⑨ 교육과정은 구속받은 사람이 그리스도와 함께 일하는 동역자라는 사실을 강조해야 할 것이다. 그러므로 지역사회의 개발과 구속에 대한 관심 있는 관여가 강조되어야 한다.
⑩ 기독교 교육은 사회의 기독교적인 기관 즉 가정, 학교, 그리고 교회를 통하여 성취된다.

## 기독교 교육 방법철학

방법이란 어떤 목적을 수행하거나 예상된 목적을 얻기 위해 선정한 순서적이며 체계적인 절차이다. 교육방법은 학습자에게 어떠한 기술과 태도를 얻도록 도움을 주기 위해서 교사에 의해 사용되는 체계적이고 계획적인 진행과정의 순서이다. 여타의 교육방법이 성장이론을 이야기하는 것에 비해 기독교 교육방법이란 본성의 변화를 염두에 둔 방법이다. 기독교는 초자연적인 종교이므로 기독교 교육방법은 초자연적인 해석에 기초한다. 창조자이며 모든 진리의 근원이신 하나님이 모든 교육철학과 교육과정의 중심이 되므로 교육방법 역시 하나님을 중심에 두어야 한다.

하나님은 진리를 나타내시는 계시자로서 교육내용(성경)을 통해 계시하시고, 학습자에게 계시하신다. 교육내용을 가지고 학습자에게 하나님이 스스로를 계시하시도록 돕는 역할을 하는 사람이 바로 교사이고, 이 때 교사가 취하는 방법이 바로 기독교 교육방법이다. 기독교는 이러한 전체적인 과정이 그리스도의 사역 목적을 이루도록 다양한 교육절차를 활용할 가능성의 문을 열어 놓았다.

## 1) 기독교 교육 방법론의 개념

기독교 교육철학과 기독교 교육과정이 일반 교육에서 행해지는 것과 현격히 다른 노선을 취하는 것에 반해, 기독교 교육방법은 일반 교육에서 행해지는 방법들과 많이 다르지 않다. 하지만 기독교 교육자가 그 방법을 취함에 있어서 염두에 두어야 할 것이 몇 가지 있다.

첫째, 기독교 교육방법은 교육의 구속적 성격을 띠어야 한다. 이를 위해서는 기독교 교육의 철학과 목적에 철저히 일치하여야 한다. 대부분 교육철학과 교육목적을 세우고 그에 맞는 학습을 계획하였어도 교육방법에 이르면 방법에 심취한 나머지 다른 길로 벗어나는 경우가 흔히 있다. 교육방법이 구속적 성격에서 벗어나지 않아야 하는 이유는 바로 여기에 있다. 방법에는 처음부터 끝까지 본의를 추종하고자 하는 노력이 따라야 한다.

둘째, 학습자들의 필요를 고려하여야 한다. 교육방법은 교육자 초점이기 이전에 학습자 초점에서 개발된다. 교육방법은 학습의 효과를 높이기 위한 기술과 태도이므로 학습자를 고려하는 것이 우선이다. 고려하여야 할 학습자의 필요란 학습자가 가장 잘 소화할 수 있고, 가장 흥미 있는 방법이다. 교육방법이 구속의 성격을 벗어나지 않는 범위 안에서 교육자는 학습자의 필요를 받아들여 수용하고자 하는 자세를 취함이 마땅하다. 이 때 교육자는 학습자의 표면적인 흥미 위주보다는 내면의 필요를 파악하는 것이 필요하다.

셋째, 교육자의 자기 개발이 요구된다. 교육방법이 학습자에게 우선적인 초점을 맞추고 있기는 하나, 그것은 교육자와 밀접한 상관성을 갖는다. 학습자에게 최우선의 방법이 교육자에게는 가장 어울리지 않는 방법일 수도 있고, 교육자에게 가장 자신 있는 방법이 학습자에게는 지루함을 더하는 것일 수도 있기 때문이다. 그러므로 교육자에게 어느 정도 교육방법에 대한 소양이 있으면 최적이기는 하나, 그것이 교육자의 필수조건이 될 수는 없기에 교육자는 자기연구를 통해 자기개발을 해야 한다. 예수님의 교육방법론에 대한 연구는 이를 도와줄 것이다. 예수님의 다양한 교육방법이 어떻게 활용되었는지를 연구하고 교육자 역시 다양한 방법을 다룰 수 있는 기술을 익히도록 노력함이 필요하다.

### 2) 예수님의 교육방법론

예수님께서 사용하신 교육방법 중에서 가장 특이한 것은 예화의 사용이다. 예수님의 비유만을 따로 담아서 그로 연구활동을 펼칠 만큼 예수님의 예화 사용은 방대하다. 예화의 형태는 크게 두 가지로 분류된다. 그것은 비유와 대상물 교육이다. 또한 예화의 사용 못지않게 주로 사용하신 방법이 있는데 바로 질문법이다. 예화법이 교육자가 학습자를 향한 일방적인 교수행위라면 질문법은 학습자의 생각을 이끌어내어 바른 결론에 스스로 도달하도록 도와주는 방법이다. 그러므로 예화법은 청중의 수효가 많든지 적든지 제약을 받지 않지만, 반면에 질문법은 많은 청중들을 대상으로 하기보다는 적은 사람들과의 대화나 일대일의 교육현장에서 더욱 유리하게 사용된다.

(1) 비유

비유는 예수님이 전파한 교훈을 대표적으로 담은 형태이다. 마가복음에서는 25%, 누가복음에서는 50% 정도가 비유로 되어 있다. 비유는 사실에 대한 이해를 도우며, 계속되는 논쟁에도 해결의 실마리를 제공한다. 또한 확실한 교훈을 남기고 사람들의 상상력을 자극하여 흥미를 유발하므로 관심을 집중시키기에 매우 유력한 교육방법이다.

예수님이 사용하신 비유에는 남다른 특징이 한 가지 있다. 그것은 예수님이 사용하시는 비유가 생활의 경험으로부터 나온 점에서 그렇다. 예수님은 교육의 대상인 청중들의 생활 배경을 파악하고 계셨고,

그들의 관심사에 이미 집중하고 계셨다. 그러하기에 그들의 주변 경험으로부터 비유의 주제를 끄집어 내시곤 하셨다. 예를 들면, 유목생활을 하여 양이 많은 지역이므로 잃어버린 양의 비유를 사용하신 것과 청중들이 배척하고 질시하는 이웃 사마리아를 들어서 선한 사마리아인의 비유를 말씀하신 것이며, 일상의 경험을 통해 친근한 씨 뿌리는 비유 등이 그러하다.

이러한 방법은 그들의 마음을 좀더 활짝 열어 주었고, 일상의 생활에서 비유의 대상들을 접할 때마다 생각나게 했으므로 기억을 지속하는 데에도 도움을 주었다.

(2) 대상물 교육

예수님이 자주 사용하신 또 다른 예화법은 대상물 교육이다. 이 대상물 교육이 비유와 유사한 점이 있다면, 그것은 비유와 마찬가지로 교육 대상자들인 청중의 주변에 있는 일상으로부터 출발한다는 것이다. 가령, 예수님이 언덕에 서서 말씀하실 때, "오늘 있다가 내일 아궁이에 던지우는 들풀도 하나님이 이렇게 입히시거든 하물며 너희일까 보냐"(마 6:30)라고 하신 것을 살펴보자. 예수님이 말씀하시고자 했던 내용의 초점은 하나님이 하나님의 백성을 살피시고 돌보신다는 것이다. 그런데 그 말씀을 언덕 위에서 모든 사람들이 같이 바라보고 공감할 수 있는 자연의 대상을 가리키시며 시작하셨다. 또한 세금 지불에 관한 서기관과 바리새인의 물음에 동전을 사용하여 "가이사의 것은 가이사에게 하나님의 것은 하나님께"(마 22:15~22)라고 말씀하신 것은 그들에게 가장 효과적인 대답으로 작용하게 되었다.

이러한 예수님의 방법은 교육 대상자들로 하여금 자신도 모르는 사이에 자연스럽게 교훈 속에 젖어 들게 하고, 비유와 마찬가지로 기억을 지속하게 한다.

(3) 질문법

예수님이 질문법을 가장 많이 사용하신 때는 바리새인의 공격을 받을 때였다. 즉, 예수님을 비난하는 사람들의 갖가지 질문에 예수님 역시 질문으로 대응하신 것이다. 주일학교의 교사들 역시 이러한 공격대에 오르는 경우가 허다하다. 호기심 많은 아이들은 더욱 심도 있는 질문을 함으로써 교사를 곤경에 처하게 하는 경우도 있다. 물론 우리의 아이들이 바리새인은 아니다. 하지만 예수님이 사용하신 질문법을 적절히 사용할 때, 질문에 질문을 던짐으로써 스스로 답을 얻어내도록 할 수 있다. 이렇게 하는 방법은 영적 진리를 납득시킬 때나 헌신의 반응을 얻어내고자 할 때도 적절히 사용될 수 있다.

질문법은 어느 교육방법보다도 훨씬 학습자를 적극적으로 만든다. 질문을 받은 학습자는 사고하는 정신활동을 활발히 하며, 스스로 답을 찾고자 애쓴다. 그리고 어떠한 답이든지 그들의 반응을 표시한다. 기독교 교육의 방향이 학습자를 개조하거나 조정하는 것이 아니라 계발시키려 하는 것이라면, 이러한 질문법은 매우 효과적인 교육방법의 하나가 될 것이다.

모든 교육방법에는 장·단점이 있다. 그리고 그러한 장·단점은 고유한 것이 아니라 교육자의 활용정도에 따라 조정되는 것이다. 만약 예수님이 많은 청중들을 앞에 두고 한두 명과 질문법을 사용한 교육을 하시거나, 농부를 앞에 두고 고기 잡는 예화를 사용하셨다면 예수님의 교훈은 그들에게 효과적으로 전달되지 못했을 것이다. 이와 마찬가지로 모든 교육의 성패는 얼마나 교육의 대상과 환경에 적절한 방법을 찾아 적재적소에 활용하는가에 달려 있다고 해도 과언이 아니다.

## 연구를 위한 질문

1. 기독교 교육과정의 구성을 위한 기본원리들은 무엇인가?

2. 기독교 교육방법론의 특성은 무엇인가?

3. 예수님의 교육방법론을 적용의 면에서 토의하시오.

# 제9장 개교회 부서별 기독교 교육철학

## 영아, 유아, 유치부

사람은 본질적으로 영적인 존재이고, 영·유아는 하나님의 창조물이다. 영·유아의 삶의 근원은 하나님께 있으며, 그들 삶의 모든 경험은 창조주 하나님과 관련을 맺고 있다. 그러므로 모든 영·유아들은 예배에 대한 욕구를 가지고 있다. 그들은 하나님의 피조물로서 의존적이며 한정적이다. 모든 인간이 그렇듯이 그들은 자신이 생활의 중심이 아니라는 것을 깨달아야 하고, 지향해야 하고, 순종해야 하는 절대자로서의 하나님을 의식해야 한다. 영·유아는 개개인이 독특한 존재이다. 하나님께서는 각 사람을 독특하게 창조하셨고, 그래서 영·유아는 각각 그들만의 성격과 재능을 가지고 있다.

### 1) 영·유아 교육의 신학적 근거

성경에서 영·유아에 대한 언급은 그리 많지 않을 뿐 아니라 어린이 지도를 위한 지침이 명확히 나와 있지도 않다. 단지 모세의 영아기와 사무엘의 아동기가 언급되어 있을 뿐이다. 또한 마태복음 21장 16절에서 "어린 아기와 젖먹이들의 입에서 나오는 찬미를 온전하게 하셨나이다"는 구절이 어린이와 젖먹이를 언급하고 있다. 그러나 열왕기서에서는 어머니의 영향력을 잠재적으로 표현하고 있다. 어머니와 가정 교육의 책임이 열왕들에게 교육적 영향력을 행사한 것이다. 결국 성경 속에 영·유아의 교육에 대한 구체적인 진술이 없을지라도 성경 전반에서 이를 암시하고 있음을 부인할 수 없다.

성경은 영·유아 교육에 관해서 교육자에게 교화시키는 것을 말하고 있지는 않지만 기독교 지도자는 소위 인간발달의 법칙이라 불리는 것이 하나님의 법칙임을 알아야 한다. 따라서 학습자가 알아들을 수 있는 학습자의 수준에 맞는 교육을 하는 것이 성경적이다.

하나님의 창조물이며, 하나님의 형상을 가졌고, 중생이 필요한 영·유아 교육의 발판은 자녀를 보살피는 부모와 같은 따뜻한 사랑이다. 사실, 6세까지의 아동은 일생 동안 사람이 할 수 있는 경험 중에서 가장 많은 경험을 한다. 가정이야말로 아동을 여러 가지 경험으로 안내하는 가장 중요한 기관이다. 그에 비하면 교회에서 가르치는 부분은 아주 적은 부분에 지나지 않는다. 그럼에도 불구하고 교회의 정기적인 출석과 자발적인 기도와 예배, 질문과 응답으로 이루어지는 교회교육은 가정교육과 병행하여 이루어져야 온전하고 균형잡힌 교육을 이룰 수 있다.

## 2) 영·유아의 이해

신생아에서 6세까지의 입학 전 아이를 대상으로 한다. 이 시기는 두뇌, 언어 기능 등이 가장 많이 발달하는 시기이면서 동시에 부모님의 사랑이 가장 많이 필요한 시기이다.

SIDS는 갑작스런 영아의 사망증상(Sudden Infant's Death Syndrome)의 약어이다. 건강해 보이는 영아의 갑작스런 사망은 1년에 7,000명이나 되는 아기의 생명을 빼앗고 있으며, 대개 2~4개월 사이에 자주 일어난다. SIDS의 원인으로 가난, 양육자의 부주의나 잘못된 판단, 그리고 담배의 니코틴을 들고 있다. 그러나 이상하게도 이러한 증상이 노인의 연령층에서도 발견되는 것으로 보아 점점 더 그 원인이 양육의 문제에 있다는 판단으로 기울어지고 있고 그 중에서도 사랑의 결핍이라고 추측하고 있다.

영·유아가 가장 쉽게 느낄 수 있는 것은 사랑이다. 영·유아는 양육자의 관심과 사랑에 의해 자란다고 해도 과언이 아니다.

### 3) 영·유아 교육의 목적과 방향

영·유아 교육의 목적은 아이에게 선악을 알게 하고, 신앙의 가치관을 심는 것이다. 영·유아 교육의 방향은 아이에게 가치관을 심기 위하여 그들이 추상적으로 이해할 수 없으므로 행동의 규범으로 구분해 주는 것이다. 이러한 것을 가장 잘 전달해 줄 수 있는 방법은 사랑이라는 매개체를 통해서이다. 가장 초기의 단계는 어머니의 사랑에서 출발한다. 어머니에게 안기거나 어머니의 보살핌을 통해 아동은 배운다. 점차로 그것은 부모의 사랑으로, 가족의 사랑으로 그리고 교사의 사랑으로, 확산되면서 영·유아의 교육의 장도 확대되는 것이다.

교회 내의 특별프로그램도 이와 보조를 맞추어 신앙의 개념 및 기독교 교육의 개념에서 사회 봉사적 개념으로 확산되는 형태를 띠는 것이 바람직하다. 즉, 교회에서 가정교육을 수렴하여 재교육한 뒤 다시 가정교육으로 발산하는 것이다. 그러면 교회와 가정을 둘 다 만족시키는 이상적인 교육의 형태에 이르게 된다.

영·유아는 신뢰적이어서 교사나 부모의 말을 그대로 수용한다. 이 시기는 굳센 신앙을 위한 기초를 형성하는 데 중요한 시기이다. 그러므로 부부의 관계, 아동과 부모의 관계 등 가정의 분위기는 영적인 부분의 초기개념을 형성하여 영구적인 영향을 준다. 그래서 부모들은 육아일기를 쓰며 지도하는 것이 좋고, 교회교육도 부모와 함께 긴밀한 관계를 유지하는 것이 필수적이다. 사회적으로나 신체적으로나 모든 일에 하나님이 주인이심을 지도하는 것이 필요하다.

유아는 호기심이 왕성한 시기로 성구암송에 그치게 하지 말고 이해하게 하는 것이 필요하다. 개인적으로 하나님을 생각하는 시기이므로 체험 속에서 구체적으로 전달될 때 하나님의 속성을 이해한다. 불순종이 잘못인 것을 알 수 있으므로 용서에 대해서도 배우게 할 수 있고, 유아와의 관계 속에서 교사는 하나님의 사랑을 알릴 수 있다.

이 시기에 하나님에 대한 개념 형성은 자기 아버지와의 폭넓은 체험과 이야기, 그리고 해석을 통해서 나타난다. 개념형성에 영향을 주는 요인은 잠자리에서 함께 기도하기, 아버지와 바람직한 상호관계, 노인의 모습을 가진 하나님에 대한 인상적인 그림 보여 주기 등이 있다.

교리교육에 있어서 이 시기에 배우는 범위는 매우 한정적이다. 다음은 그 범위를 정리한 것이다.

**하나님에 대해**

그를 사랑함, 보살핌, 그의 가족을 사랑하고 돌보심, 해와 비를 주심, 사람에게 선을 베푸심, 그의 전부가 되심, 대화를 원하심, 세상을 지으심, 그를 지으심, 노래와 기도로 찬양, 잘못을 용서, 순종과 하나님을 기쁘시게 함.

**예수님에 대해**

그를 사랑함, 한 때 세상에 계셨으나 지금은 하늘에 계심, 하나님의 아들, 친구, 성경에 있는 선한 것을 말씀하심, 한 때는 그와 같은 어린이였음.

**성경에 대해**

하나님에 관한 말씀, 훌륭한 책, 특별한 책, 성경을 사랑해야 함.

**가정과 부모에 대해**

부모를 주심, 부모에게 순종해야 함.

> **교회와 주일학교에 대해**
> 교회는 하나님을 배우는 장소, 교회는 친구를 만날 수 있는 장소, 교회는 하나님의 집, 즐거이 교회에 출석해야 함.

> **다른 사람들에 대해**
> 그를 돌보기 위해 어른을 주심, 좋은 친구가 될 수 있음, 다른 사람들은 때론 불친절할 수 있음, 예수님은 그가 다른 사람들과 친절하며 서로 나누는 삶을 살기 원하심.

> **천사와 최후에 대해**
> 예수 탄생을 전함. 하나님을 사랑하고 찬양함.

## 아동부

유·초등부라 불리는 아동부는 지적으로나 영적으로 가르치기에 아주 중요한 시기이다. 과학적인 회의론에 젖어 들기 이전에 성경의 이적이나 기사들을 들려주어야 한다. 아동부 시기를 잘 보내는 것은 중·고등부에 진학하여 그리스도를 구주로 받아들이는 데 밑바탕을 형성해 줄 것이다.

아동부의 특징을 몇 가지로 요약하면, 첫째, 아동부는 부모들의 영향력이 아직까지 유효한 시기이다. 그러므로 계속해서 가정과의 연계나 부모교육이 필요하다. 둘째, 아동부는 교육의 형식상 유·초등부의 형식이 뚜렷하게 구분되는 시기이다. 저학년은 연역적인 교육 형식이 적합한 반면에, 고학년은 귀납법적 교육 형식이 적합하다. 셋째, 이해하는 시기이다. 이 시기는 암기와 이해를 동시에 하며, 이해한 내용을 사고의 틀로 형성하기도 한다.

## 1) 아동교육의 신학적 근거

신명기 6장 6~7절에 기록되었듯이 "오늘 내가 네게 명하는 이 말씀을 너는 마음에 새기고 네 자녀에게 부지런히 가르치며"는 명령은 아동이 부모의 가르침을 받으며 생활하면서 하나님의 지배를 받고 그 분을 경외하는 것을 배워야 함에 대한 근거이다. 부모는 먼저 아동교육의 모델이 되고 후에 아동의 교사역할을 한다. 히브리인의 가치관과 신념을 전달하는 방식은 특히 아버지가 아들에게 가보를 전달해 주는 방식을 취해 왔다. "아들들아 아비의 훈계를 들으며 명철을 얻기에 주의하라"(잠 4:1). 그것은 하나님의 명령이었고, 다음의 말씀이 뒷받침해 주는 것과 같이 부모는 그것을 이행할 책임을 지고 있다. "마땅히 행할 길을 아이에게 가르치라 그리하면 늙어도 그것을 떠나지 아니하리라"(잠 22:6).

신약 시대에 예수님은 제자들이 자리다툼하는 것을 보시고, 한 어린이를 그들 앞에 세우셨다(마 18:1~14). 그리고는 누구든지 어린아이와 같이 자기를 낮추지 않으면 천국에 들어갈 수 없으며, 어린이들도 그리스도를 믿는 자녀로 세우신 바 되었으니 업신여기지 말 것을 설명하셨다. 예수님은 제자들을 가르치기 위해 어린이를 세워 대상물 교육을 한 것일 뿐 어린이를 대상으로 직접 교육하신 적은 없었다.

그러나 서신서에서는 어린이들은 그의 부모에게 순종해야 하며(엡 6:1), 아버지는 자녀들을 오직 주의 교훈과 훈계로 양육해야 하고(엡 6:4), 감독과 집사, 장로의 직분을 가진 자는 자기들의 자녀를 양육하는 일에 성실하며 성공적이어야 하고(딤전 3:1~4, 딛 1:6), 또한 자녀들을 노엽게 하여 이들이 낙심하지 않도록 주의해야 한다(골 3:21)고 말하고 있다.

이와 같이 성경이 아동교육에 관해 구체적으로 제시하고 있는 것은 없다. 다만, 아동교육의 중심은 가정이라는 것과 아동에게 신앙교육을 해야 한다는 것을 알려 주고 있을 뿐이다. 교회는 이러한 성경적 견해에 입각하여 아동의 신앙교육을 위해 힘쓰는 신앙의 공동체적 역할을 지닌 곳이다. 교육의 일차적 책임이 성경에 근거한 대로 가정에 있지만 교회는 가정을 도와서 아동의 전문적인 신앙교육에 이바지해야 한다.

### 2) 아동의 이해

아동을 성경적으로 양육하는 데 가장 어렵고도 가장 중요한 것은 아동의 본질을 이해하는 것과 아동에게 맞는 교육행위를 하는 것이다. 아동은 어른과 마찬가지로 인간의 본질을 지닌다. 그는 하나님에 의해 창조된 하나님의 형상을 지닌 영적 존재이며, 하나님의 피조물이며, 피조물 중에 독특한 존재이다. 그러면서도 그는 죄인이며, 그리스도 안에서 새로운 피조물이 되어야 할 존재이다.

이 시기 어린이의 특징은 첫째, 어느 시기보다 지적 호기심이 많고 적극적이다. 무엇이든지 알려고 하며 탁월한 기억력을 갖고 있다. 그리고 활동적이어서 야외프로그램 등 활발하고 활동적인 프로그램을 좋아한다. 예배 시간에도 잘 움직이고 모이기만 하면 쉽게 떠든다. 둘째, 실제로 있었던 일을 배우고 싶어한다. 성경의 이야기나 교사의 경험담에 귀기울인다. 셋째, 강한 정의감을 갖고 있다. 그래서 영웅들의 이야기나 위인전에 흥미를 느낀다. 그리고 자기의 영웅을 만들고 그 영웅을 숭배한다. 그러므로 교사는 아동에게 그리스도를 영웅으로 제시해 주어야 한다. 넷째, 사회성이 발달한다. 그 중에서도 책임감과 경쟁심이 발달하여 성경퀴즈나 순위 정하기에 집착하고, 또래집단 단위로 함께 움직인다. 다섯째, 영적인 관심을 갖는다. 죄를 인정하고, 기독교에 관한 질문 등 신앙에 관심을 갖는다.

### 3) 아동교육의 목적과 방향

아동교육의 궁극적 목적은 예수 그리스도를 개인의 구주로 영접하게 하고, 의사를 결정할 수 있는 기독교적 세계관과 가치관을 심으며, 그리스도의 온전함을 닮게 하는 것이다.

이를 위해 아동은 먼저 성경이 무엇을 말하고 있는지를 알아야 한다. 그리고는 성경이 말하는 원리들을 개인적으로 느끼고 배워야 한다. 다음으로 그 배움을 사랑하여 실행하도록 교육의 과정이 이루어져야 한다. 그러나 실제로 교회에서 일어나는 교육을 살펴보면 지식과 사실의 전달에서 그치는 경우가 많다. 적용의 내용을 교육과정에 포함시키는 경우가 드문 것이다. 사실, 교육은 적용을 통하여 결실한다. 적용이야말로 살아 있는 가르침이다. 아동의 연령층은 교육내용이 지성에서 감정으로, 감정에서 의지로 이어지기에 충분한 연령층이다. 다시 말하면, 지식은 아동 안에서 사랑을 불러일으켜야 하고, 지식에 대한 사랑은 아동으로 하여금 행함을 이루게 하여야 한다.

아동교육의 시기에서 가르쳐져야 할 교리의 내용은 다음과 같다.[8]

**하나님에 관해서**
거룩하심, 권능이 충만하심, 사랑하심, 용서해 주심, 기도와 감사를 원하심, 우리의 욕구를 알고 계심.

**예수님에 관해서**
인격적 구세주, 만물의 주인, 친구, 본보기.

**성경에 관해서**
우리에 대한 하나님의 인격적 메시지, 올바른 행동의 표준, 성경의 이야기, 요절말씀 기억, 성경의 장과 절.

**교회에 관해서**
하나님을 배우는 곳, 아동은 교회의 구성원, 세례·성찬 등의 교회 의식, 하나님을 기쁘시게 하기를 원하는 구원받은 사람들의 모임.

---

8) J. Edward Hakes, 정정숙 역, 기독교 교육학개론, 제11장.

이와 더불어 아동은 다른 사람들의 고통과 필요에 대해 깊은 관심을 가져야 하겠다. 이웃에 대해 돌아보는 것이 습관화 되도록 이웃에 대한 개념을 세워가야 한다. 또한 자신의 죄에 대해 깨달아야 하고 모든 일에 하나님께 순종함을 부모와 교사를 통해 배워야 한다.

## 청소년부(중·고등부)

중·고등부의 시기는 소위 사춘기라 불리는 청소년기를 말한다. 이들은 연령, 세대, 성장 관계에서 인생의 가장 큰 변화를 경험하는 시기에 놓여 있다. 그래서 이 시기를 '질풍 노도의 시기'라 부르기도 한다. 급변하는 한국 사회의 현황은 청소년들의 변화를 가중하여 그들로 쉽게 혼란에 빠지게 한다. 또한 그들은 세대차의 문제와 가치관의 혼란으로 적응하지 못하고 갈등상황에 방치되는 경우가 허다하다. 이러한 때에 교육이야말로 그들의 정체성을 확립시키고, 변화하는 환경 속에 적응할 수 있도록 돕는 가장 중요한 역할을 한다. 그들 삶의 방향에 도움을 줄 교육의 책임은 그들의 선배인 기성세대에게 있고, 그 책임은 교회와 가정이 함께 져야 한다.

### 1) 청소년 교육의 필요성

현 시대 사회의 문제 중의 하나는 청소년 문제이다. 더욱이 청소년의 문제를 청소년에 국한된 것으로만 보는 것이 더욱 문제이다. 범죄자의 다수가 주일학교를 다닌 경험이 있다. 그들의 탈선 지점은 어디일까? 탈선의 가능성이 가장 많은 시기는 바로 이 청소년기이다.

그렇다면 이들 문제의 출발점은 어디인가? 좀더 근원적인 것을 따져 보면, 사회적인 문제에서 비롯됨을 알 수 있다. 현대의 자본주의적 사고와 인간의 능력별 경쟁의식은 모든 것을 경제 의존적으로 만들어 버렸다. 청소년이 학교를 졸업하고 사회에 나가면 바로 이러한 경쟁구조로 형성된 경제구조에 직면하게 된다. 이러한 현실을 미리 경험한 기성세대는 장래의 사회환경에 적응하게 하기 위한 명목으로 모든 교육의 초점을 성적과 학력위주의 입시경쟁에 맞춘다. 그런 동안 성장세대가 마땅히 받아야 할 교육의 혜택을 받아 보지도 못한 채 키가 자라고, 기성세대의 잘못된 가치관을 분별없이 그대로 답습하며 형성해 가는 것이다. 특별히 과학기술이 무궁무진하게 발전하는 현대를 살아가는 청소년에게 따뜻한 인격형성이 이루어지지 않는다면 그들의 삶은 메마를 것이고, 자신의 존재가치를 상실해 버릴 수 있다. 하나님의 존재도 잊어버린 채 살아갈 수밖에 없는 이들은 자본주의의 기계화된 정신으로 하나님과 자신의 존재를 대신할 것이다. 창조도, 구속의 필요성도 멀리하는 이들의 문제는 심각하다.

그러므로 청소년의 문제는 청소년에게만 국한된 것이 아니다. 그것은 교육의 문제이며, 가치관의 문제이고, 기독교의 문제이다. 교회가 이것을 방치하면, 가장 생명력 있어야 할 차세대는 결국 생명력을 잃고 말 것이다. 교회교육의 임무는 이들에게 생명을 확인시키고 구속의 필요를 깨닫게 하는 것이다. 청소년 교육의 기독교적 임무는 현 세대에 가장 요구되는 임무이다.

### 2) 청소년의 이해

주변의 변화는 그들에게 마치 혁명처럼 느껴진다. 그만큼 그들은 주변의 변화에 민감하다. 주변의 변화뿐만 아니라 자신의 변화에도 잘 적응하기 어렵다. 하지만 그들은 이러한 변화를 즐기기도 한다. 그들은 모험심으로 꽉 차 있다. 그리고 우정을 소중히 여긴다. 지식에 대한 탐구에도 열중한다. 그리고 옳고 그름을 중요하게 여긴다. 만약 옳지 않다고 생각하면 그들은 즉시로 반응한다.

청소년기는 한마디로 많은 것을 경험하는 시기이다. 그 전과는 달리 같은 사건에 대해서도 이 시기에는 체험하며 느낀다. 하나님에 대한 의미 있는 경험을 하고, 신에 대한 절박함도 가진다. 이성과 성공적인 야망에 대한 사회성도 발달하며, 행복과 삶의 가치에 관한 철학적 사고, 나아가 신학적 사고를 하기도 한다. 하나님은 있는가? 나는 누구인가? 사람이 죽으면 어떻게 되나? 이들은 이러한 주제를 가지고 부단히 고민하게 된다.

### 3) 청소년 교육의 목적과 방향

청소년의 문제가 청소년만의 문제가 아닌 만큼 교사는 청소년 교육의 목적에 대한 흔들리지 않는 관점을 가지고 있어야 한다. 청소년 교육의 목적은 네 가지이다.

첫째, 자아정체감을 확신케 하는 것이다. 자신이 누구인지 알지 못하는 사람은 모든 일에 불안해 한다. 질풍노도의 시기를 걷고 있는 청소년기에 가장 중요한 교육은 자신이 누구인지 스스로 알게 하는 것이다. 자신이 하나님의 자녀이고, 구속이 필요한 죄인인 것을 아는 사람은 자긍심과 겸허함을 동시에 지니고 안정을 취할 수 있다. 기독교 교육만이 자아정체에 있어서 확신 있는 대답을 해 줄 수 있다.

둘째, 그리스도인의 세계관과 인생관을 세운다. 청소년기에 있어서 가장 중요한 문제는 가치관의 형성이다. 바른 가치관을 정립하느냐 그렇지 못하느냐에 따라 그들의 인생이 좌우된다고 하여도 과언이 아니다. 그리스도인의 가치관과 인생관은 하나님 중심사상과 하나님 주권사상에 기초한다.

셋째, 그리스도인으로서 신앙생활을 하도록 인도하고 지도하는 것이다. 청소년기는 그들의 특성상 독립된 모임을 활성화하며, 한곳에 집중한다. 그러한 특성을 잘 선용하여 교회의 모임과 활동을 통해 신앙과 어우러진 생활이 습관화 되도록 인도하는 것이 필요하다.

넷째, 자신의 전(全) 생애를 하나님께 의뢰하고, 자신의 삶을 하나님께 드리는 헌신을 배우게 한다. 헌신이란 그리스도인의 기본적인 삶의 자세임을 알게 하는 것이 중요하다. 거창한 헌신이나 서원은 오히려 많은 변수를 가지고 자라나는 성장세대를 자유하지 못하게 할 수 있다.

청소년 교육의 방향은 이러한 목적들과 함께 이루어져야 한다. 이 때 주의할 점은 청소년들을 끝까지 기다려 주고, 그들을 인정해 주며, 인내하는 것이 필요하다. 그리고 지속적인 관심을 가지고 교회와 가정이 협력하는 자세가 바람직하다.

## 대학 · 청년부

대학 · 청년부 시기는 인생의 전환점이 될 수 있는 중요한 시기이다. 인생을 설계하고 비전을 가지며, 이미 가치관이 정립되어 있어서 독자적으로 의사를 결정하고 실현한다. 그러므로 이 시기부터는 교육의 형태가 달라진다. 위로부터 전수받는 교육에서 서로 교사가 되는 수평적인 교육이 이루어지는 시기이다.

### 1) 대학 · 청년부 교육의 필요성

대학 · 청년부 교육이 필요한 이유는 이 시기에 해결하고 선택해야 할 많은 문제가 있기 때문이다. 첫째, 내 삶의 목적은 무엇인가? 둘째, 어떻게 살아야 하는가? 나의 비전은 어떻게 실현해야 하는가? 셋째, 나는 누구와 결혼해야 하는가? 이러한 문제를 담고 있는 대학 · 청년부원들은 그들의 교사나 동료로부터 답을 얻기 원한다. 이들은 누구보다도 교육의 필요를 느끼고 있다. 그들의 문제와 복잡한 고민들은 교육의 과제로 남아 있다.

### 2) 대학 · 청년부의 이해

대학 · 청년부에 속한 자들은 젊은이들이다. 그들을 이해하기 위해서는 청년의 특성을 이해하면 될 것이다. 그러면 청년이 지닌 특성은 무엇일까?

첫째, 청년은 힘과 열정을 가지고 있다. 그것은 젊은이의 특권이다. 이들은 그들의 관심사에 온 힘과 정열을 기울이고 싶어하는 욕구가 있다.

둘째, 청년은 인정받기를 원한다. 청년은 어떤 모양으로든지 일하는 자이다. 그는 자기의 일하는 분야에서 인정받기를 원한다. 그들은 인정받을 때 비로소 성취감을 얻고 자기의 과업에 더욱 열중한다.

셋째, 청년은 자기결정권을 가진다. 이 시기는 여러 가지 중대한 결정을 내려야 하는 시기이기도 하다. 그들은 이미 가치관이 정립되어 있는 시기로 부모나 교사의 동의 없이도 자기 스스로 결정한다. 그들은 신앙 생활 면에서 하나님께 헌신함에 대해 결정하고, 직업과 진로에 대해 결정하며, 결혼 배우자에 대해 결정한다.

### 3) 대학·청년부 교육의 목적과 방향

대학·청년부의 교육은 수동적인 교육에서 탈피하여야 한다. 그래서 대학·청년부의 교육 목적과 방향에 있어서도 지도 교역자가 결정권을 가지지만, 대학·청년부와 상의할 필요가 있다. 그들은 교육의 방향을 설정할 때에도 능동적으로 참여하기를 원한다. 이 시기의 교육은 그들의 가치관을 정립하는 것이 아니라, 그들의 가치관을 점검해 주는 것이다. 그리고 계속적으로 그들의 사고가 기독교적 세계관에 입각하고 있는지 살펴야 하는 것이다.

대학·청년부의 교육은 또한 영적인 면을 지향해야 한다. 이들은 소위 영성교육을 통해 삶의 진지함을 배우기를 소망한다. 그래서 이 시기에는 성경공부나 세미나 혹은 기도회 등 그들의 영성을 계발해 주는 프로그램이 적합하다. 또한 사회성이 형성된 이들은 그리스도인의 교제와 만남을 통해 많은 것을 배운다. 모임에도 적극적이며 끊임없이 계획하고 지역봉사를 위해서도 뻗어 나가며, 선교에도 관심을 갖는다. 따라서 이들의 적극성과 자율성을 살릴 수 있는 교육프로그램이 적합하며, 교사는 그러한 모임과 프로그램이 원활히 작용할 수 있도록 질서유지와 자료제공에 힘을 기울여야 하겠다.

## 장년부

오랜 세월 동안 장년은 교육하는 세대이지 교육받는 세대는 아니라는 생각이 지배적이었다. 이러한 생각이 깨어진 것은 19세기 말에서 20세기 초이다. 장년교육의 역사가 그리 깊지 않다고 하겠다. 그러나 성경을 살펴보면, 따라서 특히 이스라엘의 교육이나 회당을 중심으로 한 예수님의 교육은 장년 중심의 교육이었다. 그러면 성경이 말하는 장년교육의 근거를 알아보자.

### 1) 장년부 교육의 신학적 근거

성경에 나오는 장년교육은 하나님으로부터 출발한다. 태초의 가르침은 하나님에게서 족장들, 제사장들, 선지자들을 통해서 이어졌다. 하나님의 가르침은 언약 백성의 계보를 따라 계속되는 외침이었다. 심지어 장년교육의 책임은 백성들을 교육해야 하는 왕의 책임과도 상관되어 나타난다.

예를 들면, 여호사밧(대하 17:7~9)이 백성들의 종교적 지식의 향상을 위해서 고급 관리 5명과 제사장 2명, 레위인 9명으로 구성된 한 무리를 백성 교육을 위해서 율법책과 함께 보냈다. 이것은 매 7년마다 한 번씩 정기적으로 수행되었다. 하나님이 정하여 주신 삶에 대한 기준에 따라서 매 7년마다 이스라엘 민족, 특히 장년들은 민족적인 목표에 대한 명확성과 목적을 갖도록 재교육받은 것이다.[9]

선지자들의 교육은 계속해서 회당교육과 예수님의 교육으로 전달되었다. 마태복음 28장에 나오는 예수님의 대위임령은 가르침이 이 세상 끝 날까지 지속되어야 함을 말해 주고 있다.

---

9) J. Edward Hakes, 전게서, 제16장.

## 2) 장년부의 이해

심리학의 발달단계에 따르면 장년부는 20대부터 시작하지만, 여기서는 청년·대학부에 20대를 포함시키고 장년부를 대략 30대에서 60대, 혹은 그 이상까지 포함시킨다. 실제로 교회의 장년부를 이해하기 위해서는 30대부터 장년부에 포함시키는 것이 더 타당하다.

장년부는 지적으로나 정서적으로나 신체적으로 성숙한 시기이다. 모든 면에서 안정과 균형을 이룬다. 그러나 이들에게는 또 다른 문제가 있다. 그것은 가정과 자녀와 영적 성숙의 문제이다. 그러므로 재교육의 필요성을 누구나 절감한다.

또한 성인으로 분류되는 이들은 보다 많은 책임과 지위를 가지고 있는 독립적인 자이다. 그들은 자기를 위한 결정뿐만 아니라 자녀와 가정 더 나아가 사회에 대한 결정까지도 담당하고 있다. 또한 현실과 밀접히 연관되어 있는 삶에 대한 순간의 선택, 좌절과 인내, 고통과 질병 등은 그들에게 자주 찾아오는 문제들이다. 이러한 문제들에 어떻게 대응하고 영적인 삶을 유지할 수 있을까 하는 것이 그리스도인 장년들의 동일한 관심사이다.

## 3) 장년부 교육의 목적과 방향

장년부는 다방면의 경험과 기술, 그리고 명철한 판단력을 가지고 있다. 그들은 교육받으면서 동시에 교회에 기여할 수 있는 자들이기도 하다. 그러므로 장년교육의 가장 바람직한 방향은 재생산의 교육이다. 소위 제자양성이라 불리기도 하는 재생산 교육은 교육받은 자들로 하여금 다른 이를 교육하게 하는 것을 말한다. 장년부는 여러 가지 면에서 교회나 지역사회에 기여할 수 있는 여건을 갖추고 있다. 성인이 갖는 독특한 안정성이 바로 대표적인 여건이다. 따라서 장년부 교육 계획에는 지도자 양성반을 포함시키는 것이 바람직하다.

또한 장년부는 사회를 이끌어 나아가는 주역이므로, 그리스도인으로서 빛과 소금의 역할을 감당해야 한다. 이들은 무엇보다도 기독교적 세계관에 입각하여 사회의 선도적 역할을 감당해야 한다. 그리스도인은 이 세상을 하나님 앞으로 인도할 책임 있는 자임을 명심해야 할 것이다. 이에 합한 교육이 교회 내에서 일어나야 할 것이다. 그 예로 그들의 전문 분야별로 기독교적 공동체를 이루어 가는 것도 하나의 방법이다. 그래서 각 분야마다 기독교적 정신에 입각하여 '바로 세우기' 운동을 한다면 먼저 그리스도의 나라와 그의 의가 이루어질 것이다.

이러한 면에서 교회가 책임지고 감당해야 할 분야는 무궁무진하다. 그 모든 분야가 교육과 관련된 것임은 너무도 당연하다. 계속해서 교회교육의 방향은 그리스도의 의를 이루는 한 방향으로 선도되어야 할 과제를 안고 있는 것이다.

## 연구를 위한 질문

1. 영·유아 교육의 목적과 방법은 무엇인가?

2. 아동의 특성은 무엇인가?

3. 청소년을 위해 교회교육이 담당해야 할 과제는 무엇인가?

4. 바람직한 대학·청년부의 교육형태는 어떤 것인가?

5. 장년부 교육의 중요성에 대해 토의하시오.

# 제10장 교사론

　가르치는 일은 매우 책임 있는 직무이다. 야고보서 3장 1~2절에서는 "내 형제들아 너희는 선생된 우리가 더 큰 심판 받을 줄을 알고 많이 선생이 되지 말라 우리가 다 실수가 많으니 만일 말에 실수가 없는 자면 곧 온전한 사람이라 능히 온몸도 굴레 씌우리라"라고 말함으로써 교사의 임무에 막대한 책임을 요구하고 있다. 교사지원이 많은 대규모 교회 몇몇을 제외하고는 교사가 부족한 때에 이러한 말씀을 인용하여 교사에게 거대한 요구를 하기란 그리 쉬운 일이 아니다.
　교육의 질이 교사의 자질에 달려 있다고 해도 과언이 아닐 정도로 교사는 중요한 교육의 요소임에도 불구하고 실제 교회 교육의 현황에서 교사에 대한 중요성이 간과되어 온 것도 사실이다. 이에 본 장에서는 교사의 본질과 중요성을 되짚으며 교사의 지위와 역할에 대해 이야기하려고 한다. 그리고 나서 교사의 자격을 논함이 마땅할 것이다.

## 교사의 본질과 중요성

　신약 성경은 가르치는 일을 하나님으로부터 받은 소명으로 구분한다. 게다가 가르치는 일과 목회적 돌봄을 분리시키지 않는다. 성경은 감독의 역할에서 '가르치기를 잘하는 자'를 언급하고, 목사와 교사를 한 사람의 통칭으로 사용한다. "그가 어떤 사람은 사도로, 어떤 사람은 선지자로, 어떤 사람은 복음 전하는 자로, 어떤 사람은 목사와 교사로 삼으셨으니"(엡 4:11)에서 목사와 교사는 하나의 관사를 사용한 것으로 미루어 한 사람임을 알 수 있다. 즉 교사의 본질은 목회를 하는 자와 크게 다르지 않다. 교사 역시 목양을 기본으로 삼는다. 그러므로 교사는 돌보는 자이다. 목회적 돌봄을 하는 목회자들이 하나님의 부르심을 받은 것과 같이 교사 역시 하나님의 부르심을 받은 자이며, 교사의 직분은 소명의 직분이다.

교사는 또한 하나님의 소명을 받은 자로서 하나님의 구속사역에 동참하는 자이다. 하나님의 구속사역에서 가장 큰 역할은 성령교사의 몫이다. 그러나 인간교사 역시 그에 못지않게 중요한 몫을 감당하고 있다. 인간교사는 성령교사의 동역자로서 부르심을 받은 자이므로 성령교사와 교육의 목표 및 방향을 같이하는 자이다. 즉, 그는 학습자로 하여금 하나님과 조화를 이루며 하나님의 형상을 회복하도록 하는 자이다.

유감스럽게도 오늘날 많은 교사는 자신이 이렇게 중요한 일을 위해 부르심을 받았다는 사실을 잊어버리고 산다. 게다가 교회는 교사들의 이러한 소명을 인정하지 않거나 가치를 희석시킨다. 특별히 교회의 지나치게 많은 업무와 행사들은 교육보다 더 가치 있는 것인 양 강조되기 마련이고, 교육행위는 진부한 것인 양 뒷전으로 밀린다. 그래서 행사를 준비하는 준비위원은 하나님께 커다란 달란트를 받은 것처럼 부각되지만, 교사가 받은 가르치는 은사를 가치 있게 여기고 높이는 일은 흔치 않다.

교육의 중요성을 절감하는 교회라면 교사의 중요성을 함께 절감할 것이다. 그리고 교사 자신이 교사됨의 중요성을 자각한다면 그 교회는 교육하는 교회로 자랄 것이다.

## 교사의 지위와 역할

"이는 성도를 온전하게 하여 봉사의 일을 하게 하며 그리스도의 몸을 세우려 하심이라 우리가 다 하나님의 아들을 믿는 것과 아는 일에 하나가 되어 온전한 사람을 이루어 그리스도의 장성한 분량이 충만한 데까지 이르리니"(엡 4:12~13).

교사의 지위와 역할은 성도를 온전케 하며 그리스도의 몸을 세우는 것이다. 성도를 온전케 하는 것과 그리스도의 몸을 세우는 것은 별개의 것이 아니라 하나이다. 성도를 온전케 한 결과 그리스도의 몸을 세우게 된다. 그리고 성도를 온전케 하는 것이란 예수 그리스도를 믿는 것과 아는 것이 일치하는 것을 말하며, 그렇게 되면 성도는 목표로 삼았던 그리스도의 분량에 이르는 것이다. 이러한 일을 이루도록 부르심을 받은 사람, 즉 교사에게는 이에 합당한 지위와 역할이 요구된다.

## 1) 권위자(權威者)로서의 교사

교사는 누구보다도 권위 있는 자이다. 가르치는 자에게 권위가 뒤따르지 않는다면 학습은 일어나지 않을 것이다. 드문드문하게 학교에서 일어나는 교사와 학생 간의 불화 및 사태는 교사의 권위가 실추되었음을 증명한다. 더 나아가 실추된 권위를 억지로 회복하기 위해 더욱 권위적이 되려는 교사에 의해 교사의 권위는 땅으로 떨어지고 만다. 이러한 교사는 참으로 권위 있는 자가 아니라 권위주의자이다.

교사의 참된 권위는 위로부터 온다. 예수 그리스도는 '아버지의 권위'를 위임받아 아버지의 일을 하셨다. 마찬가지로 그리스도인 교사는 예수 그리스도의 사역의 연장선상에서 예수 그리스도의 권위 아래서 다스리는 자이다. 이 때의 다스림이란 군림하는 권위적인 자세가 아님을 다시 한번 밝힌다. 예수 그리스도는 이 세상에서 가장 높은 권위를 가지셨지만 섬기는 자의 모습으로 오셨고, 그러한 삶을 사셨다. 예수님이 그러하신 것처럼 기독교 교사 역시 그가 갖는 권위는 최고(最高) 위(位)의 권위가 아닌 위임받은 권위이므로 섬기는 자의 모습을 가지고 위임한 자의 뜻을 순종하는 것이 늘 선행되어야 한다.

권위의 자리에 앉는 것보다 권위의 사용이 더 중요하다. 세상의 많은 사람들이 돈과 권력의 힘으로 권위의 자리에 오르기 위해 수단과 방법을 가리지 않고 그 자리를 쟁취하지만, 결국 그의 결말을 보면 실패의 결과를 낳고 만다. 그것은 권위의 자리에 올랐지만 권위를 바로 사용할 줄을 몰랐거나 권위를 바로 사용하지 않았으므로 빚어진 결과이다. 그리스도 안에서 참된 권위는 정복과 지배가 아닌 섬김과 돌봄이다. 섬김과 돌봄의 권위를 세워 나가는 기독교 교사야말로 가장 권위 있는 교사로 인정받을 것이다.

교사의 권위는 이처럼 교사 자신의 자세에도 달려 있지만, 교회의 분위기도 이에 못지않게 중요하다. 목사가 가르치는 행위를 함께하는 것처럼 교사 역시 목회적 돌봄을 함께하는 자이다. 교회는 이러한 가르치는 일을 맡은 교사의 권위를 인정하는 교육적 분위기를 만들어가야 할 책임이 있다.

### 2) 지시자(指示者)로서의 교사

기독교 교사는 학습자의 길을 지시해 주는 지시자이다. 지시해야 할 사항은 학습자가 나아가야 할 목표와 방향 이 두 가지이다. 교사는 세워진 목표를 이행하기도 하지만 목표를 세우는 자이기도 하다. 다시 말하면, 교회의 목표 혹은 부서의 교육 목적을 이행하면서 동시에 그 목표와 목적에 따른 세부적인 목표와 지침들을 세우는 자이다. 또한 매주일의 교육을 위해서 수업목표를 세우는 일도 교사의 몫이다. 그러므로 교사는 먼저 목표에 대한 바른 지각이 있어야 한다. 그리고 그 목표에 대한 원칙을 학습환경에 제공하는 방편으로 목표에 대한 방향을 계획함이 필요하다.

지시자로서의 역할은 여기에서 끝나는 것이 아니다. 지시자는 최종의 푯대를 제시하고 그 방향을 잡아 주기 위하여 단기의 목표를 조절하여 점차적으로 인도하는 자이다. 유능한 지시자는 교육 상황을 예측하는 자이며, 교육의 상황을 분석할 줄 아는 자이다. 그리고 학습자의 진정한 필요를 재빨리 파악하고, 그러한 필요에 신속하게 대처한다. 그러므로 지시자로서의 교사에게 요구되는 것은 순발력 있는 방향제시이다.
 그러기 위해서 지시자로서의 교사는 전체적인 교육의 과정을 하나로 볼 줄 아는 눈이 필요하다. 또한 뚜렷한 기독교적 인생관과 세계관을 가진 자라야 한다. 그래서 학습자로 하여금 그리스도의 주권 아래서 전체적인 삶을 살도록, 세속주의와 끊임없는 투쟁과 갈등상황 속에서 흔들리지 않는 신앙을 지속하도록 끊임없이 목표를 확인시켜야 하는 것이다.

### 3) 본보기로서의 교사

 무엇보다도 교사는 전달하려는 진리의 본보기가 되어야 할 책임이 있다. 가르침을 받는 학습자의 일차적인 자세는 '교사 닮기'이다. 그러므로 교사는 기록된 교과서보다 더 영향력 있는 교과서이다. 굳이 동양의 스승과 제자 간의 본보기의 모델을 예로 들지 않더라도 성경은 충분히 '본보기로서의 교사'에 대해 수없이 말해 주고 있다. 예수님의 삶 자체가 본보기로서의 교사상을 강력하게 시사해 주고 있는 것이다.
 가장 바람직한 교육의 결과는 학습자가 교사를 본받고자 하는 결과이다. 흔히 예수님의 교육을 제자교육이라 말한다. 그 영향으로 교회마다 제자교육, 제자훈련이 성행하고 있다. 제자교육과 제자훈련은 서로 다른 의미이다. 제자교육은 교사를 본받고자 하는 교육의 결과가 자생하는 것이고, 제자훈련은 교사를 추종하도록 길들이는 것이다. 즉 제자교육은 학습자에 의해 일어나는 결과이고, 제자훈련은 교사에 의해 일어나게끔 하는 결과이다. 이러한 두 가지 양상은 예수님의 교육이 어떠했을까 하고 자문하게 만든다. 예수님의 교육은 제자훈련이 아닌 엄격한 제자교육이었다. 예수님의 교육은 강제성을 띠지 않았고, 제자들을 길들이려 하지 않았으며, 그들에게 강요하지 않았다.
 기독교 교사는 단지 교육을 위한 교육을 시행하는 자가 아니다. 그는 자신의 일을 하나님 앞에서 감당하는 자이다. 그는 또한 하나님 앞에서 배우는 학습자이다. 그리고 그는 끊임없이 예수 그리스도의 본을 닮아 가는 자이다. 이러한 교사의 자세 자체가 학습자에게 교육을 불러일으킨다.

## 교사의 자격과 임무

교사의 자격과 임무는 가르치는 내용만큼이나 중요하다. 그만큼 교사의 자격과 임무에 대해서 학자들의 연구도 풍성하다. 그들의 다양한 견해를 들어보자.

### 1) 하퍼가 말하는 교사의 자격과 임무

먼저 미국개혁신학교(Reformed Theological Seminary)에 재직 중인 하퍼(Norman E. Harper)는 그의 저서 「Making Disciple」에서 참된 그리스도인 교사의 자격과 임무를 다음의 다섯 가지로 들었다.

(1) 가르치는 은사
가르침을 특별한 은사라고 할 때의 가르침은(롬 12:7, 고전 12:28, 엡 4:11), 특정한 사람들만이 가진 은사를 말하는 것으로서 진리를 아주 놀랍고도 필적할 수 없는 능력으로 이해하고, 평범한 사람들이 흔히 이해할 수 있는 용어로 개념화 하여 쉽게 설명해 줄 수 있는 기능을 뜻하는 것이다.

(2) 가르침의 소명
목사에게 '왜 설교자가 되었나요?' 라고 물으면 '예, 하나님께서 나로 하여금 복음을 선포하도록 부르셨기 때문이지요' 라고 대답할 것이다. 마찬가지로 교사에게 '왜 선생님이 되셨습니까?' 라고 물으면 '하나님께서 그의 진리를 가르치도록 부르셨기 때문입니다' 라고 대답하여야 할 것이다. 평신도 역시 목사처럼 그리스도의 부르심을 받는다.

즉 소명을 통하여 하나님께서 부르신 특정한 사역에 임하는 것이다.

(3) 학생들에 대한 사랑

교사에게 가르치는 재능이 있어서 우주의 모든 비밀을 설명할 수 있을지라도 사랑이 없으면, 우리의 가르침은 기계적이고 무익한 것이 될 것이다. 사랑은 교사로 하여금 학생들의 성공에 같이 기뻐할 수 있게 하며, 그들의 실패에 같이 울 수 있게 한다. 또한 개개인의 필요에 이름을 불러가며 기도하게 하고, 그들을 개인적으로 알도록 한다. 한마디로 학생들로 하여금 하나님께서 주신 가능성을 실현하도록 돕는 데에 자신을 내어 주도록 하는 것이다.

(4) 가르침에 대한 관심

자신이 하는 일에 흥미를 느끼지 않고서 그 일을 성공적으로 수행하기란 어렵다. 특별히 가르치는 일은 본질상 그 수행의 즐거움을 요하는 일이다. 가르치는 일에 즐거움을 느끼지 못하는 교사는 교육과정과 학생 사이에, 그리고 자신과 학생 사이에 심리적인 장벽을 쌓는 경향이 있다. 가르침이란 사실 흥미를 넘어선 열정이며 사랑이다. 가르침을 사랑하는 교사만이 학생의 얼굴에 비치는 앎의 희열을 보고 기쁨을 느낄 수 있다.

(5) 교사의 준비

위의 사항들과 함께 훈련과 경험을 통해서 얻게 되는 본질적인 자질이 있다. 첫째, 교사는 기독교의 세계관과 인생관을 이해하고 그것을 교육 이론과 실제에 적용할 수 있는 사람이어야 한다. 둘째, 자신이 가르치는 전 영역을 통달하여 깊이 있는 지식을 소유하도록 끊임없는 연구를 해야 하며 진보된 교육과 훈련을 제공할 수 있어야 한다. 셋째, 자신이 맡고 있는 학습자의 연령층에 대한 행동적 특성을 이해하고 그들과 참된 인격적인 관계를 이룸으로써 참된 이해에 도달하여야 한다. 넷째, 성경적 전제를 가지고 교수-학습과정에 대한 이해가 있어야 한다. 뿐만 아니라 교사는 스스로 또는 다른 교사들과 연합하여 문제들을 성경적 전제하에서 해결할 수 있어야 한다. 다섯째, 가르치는 은사를 가진 사람은 교과목을 잘 알며, 학생들을 사랑하고 그들에게 진리를 전달하는 좋은 방법을 찾아내는 자이다. 더욱이 훌륭한 교사는 연구와 관찰, 실험, 자기평가를 통해서 다양한 교수법을 능숙하게 사용할 수 있어야 한다. 그러나 방법이란 어디까지나 목적을 위한 수단이다. 그러므로 방법이 목적보다 더 중요한 것으로 취급되어서는 안 된다. 교사는 자신의 독자성과 고유성을 무시하지 않으면서 자기의 기능을 연마할 필요가 있다.

하퍼의 이러한 견해 외에도 교회 기독교 교육을 위한 자격과 임무는 크게 영적인 것과 전문적인 것으로 분류할 수 있다.

## 2) 영적인 자격과 임무

영적인 자격과 임무가 중요한 이유는 기독교 교육의 독특성 때문이다. 기독교 교육은 개개인이 그리스도 안에서 하나님을 만나도록 할 뿐 아니라 구원받은 학습자를 대상으로 그가 그리스도의 장성한 분량에 이르기까지 계속되는 교육이므로 교사 역시 영적인 자격과 임무가 요구된다. 교사의 영적인 자격과 임무는 무엇보다도 말씀과 기도의 삶이 생활의 바탕이 되어야 하며, 사회적으로도 성숙한 인격자로 존중받는 자로서 가르치는 학습자의 본보기가 되어야 하는 것이다. 적어도 그는 '성령' 하나님께 소유되어야 하며, 예수님과 인격적인 구원관계 속에서 늘 사는 사람이어야 한다.

## 3) 전문적인 자격과 임무

기독교 교사는 영적인 자격과 임무뿐만 아니라 전문적인 자격도 필요하며 그에 따른 임무를 수행하여야 한다. 일반적으로 주일학교 교사가 갖추어야 할 자격과 임무를 나열해 보면 다음과 같다.[10]

### (1) 기본적 자격과 임무

교사에게는 기본적으로 갖추어야 할 소양과 임무가 있다. 다음은 그러한 것들을 나열한 것이다.

① 적절한 건강 유지, 정신적 경각심, 그리고 영적인 생동감을 유지함으로써 자신의 임무를 위한 훈련을 계속할 것
② 공부의 결정적인 시간과 장소, 그리고 대상을 확보할 것
③ 다른 교사들과 상호 협력할 것
④ 월례 분과회의에 참석할 것
⑤ 교회 예배 및 기도회에 참석할 것
⑥ 결석한 교사 및 학생과의 접촉유지
⑦ 환자 및 무관심자 방문
⑧ 반 학생들 심방
⑨ 신입생을 주시할 것
⑩ 자연성, 친근감, 진실성, 즐거움, 온유, 인내, 세심성, 그리고 열심을 유지
⑪ 하나님과 교회를 위한 충성
⑫ 낙망하지 말 것

### (2) 주일날 교사의 임무

대부분 교회의 기독교 교육은 주일날 가장 많이 이루어진다. 교육을 위해 가장 많은 시간을 할애하는 만큼 교사의 주일임무는 중요하다.

① 최소한 시작 15분 전에 도착
② 질서 있고 조용한 교실 분위기를 유지하도록 할 것
③ 학생들이 오면 서로 인사를 나누며, 이들의 요구에 응할 수 있도록 준비할 것
④ 수업 전 활동을 세밀히 계획할 것
⑤ 개회 모임 시에는 반 학생들과 같이 앉아 있을 것

---

10) Herbert W. Byrne, Christian Education for the Local Church, 신청기 역, 교회 중심의 기독교 교육(서울 : 생명의말씀사, 1985), 제7장.

⑥ 예배 시간에 능동적인 역할을 담당할 것
⑦ 자신의 반이 프로그램을 맡았으면 이들과 함께 참여할 것
⑧ 예배 후 자기 반 아이들과 열을 맞추어 교실 혹은 공과를 위한 장소로 이동할 것
⑨ 일의 추진을 위해 자신의 반을 조직할 것
⑩ 방향을 유지하면서 말씀을 가르칠 것
⑪ 교수를 부수적 임무가 아닌 주된 임무로 생각할 것
⑫ 모든 방문자와 신입생을 소개할 것
⑬ 폐회모임이 있으면 반 학생들과 동석할 것
⑭ 담당자에게 결석자를 보고할 것

(3) 월간 임무
주일학교 교사는 주일만이 아니라 월 단위로 점검하고, 계획하며, 수행해야 할 임무가 많이 있다. 다음은 그러한 월 단위의 임무와 자격을 나열한 것이다.
① 총 교사회 및 기도회 참석
② 부서회의 및 기도회 참석
③ 자신의 반을 위한 도서를 점검할 것
④ 학생들을 가능한 많이 심방할 것
⑤ 가장 중요한 부분의 공과를 읽고 공부하며 준비할 것
⑥ 시간이 허락하는 대로 각종 회의 및 대회 참석
⑦ 부장과의 협력을 유지할 것
⑧ 항상 자기의 임무에 대한 보고 준비를 할 것
⑨ 아프거나 결석한 학생을 위한 기록 유지 및 편지 발송

이러한 영적, 전문적 자격을 갖추고 자신의 임무를 다하는 것은 기본적인 자격과 임무이며, 좀더 나아가 하나님과 동행하는 책임감 있는 교사, 하나님을 사랑하는 열정 있는 교사이면 더욱 훌륭하다 하겠다. 열정은 하나님을 사랑함에서 나온다. "너는 마음을 다하고 뜻을 다하고 힘을 다하여 네 하나님 여호와를 사랑하라"(신 6:5).

## 연구를 위한 질문

1. 권위와 권위주의의 차이점에 대해 적절한 예를 들어 논하시오.

2. 교사의 자격과 임무 다섯 가지는 무엇인가?

3. 자신이 생각하는 바람직한 교사상(敎師像)을 열 가지로 나열하시오.

# 제11장 기독교 교육철학과 현대 교회

## 현대 교회의 교육 현황

양적 성장에 주력해 왔던 한국 교회는 그 목표하던 바를 이루었으나, 그 성장을 오래 지속하지는 못했다. 오히려 현대의 교회는 마이너스 성장을 하고 있는 추세이다.

이러한 현황을 어떻게 해석해야 할까? 교회가 양적 성장에 주력하는 만큼 그 결과를 유지할 질적 성장에 대한 대안이 없었던 것이다. 사실 그 동안 교회는 양적 성장을 위해서라면 지나친 관심을 가져왔다. 교회의 프로그램과 연간계획의 모든 초점을 양적 성장에 맞출 정도로 노력해 왔다. 긍정적으로 보면, 그것은 바로 영혼구원에 대한 관심이기도 했다. 그러나 역으로 부정적인 시야에서 보면, 그것은 개교회 성장주의의 결과물이었다.

교회의 양적 성장 프로그램이 발전해 가는 동안 질적 성장 프로그램은 제자리에 머물러 왔다. 교육체제와 조직이라든지, 교육프로그램 등이 그대로 유지되어 왔기에 변화와 발전을 기대하기란 어려웠다. 또한 교회교육의 목적과 목표가 교회의 양적 성장을 위한 수단 이상의 것이 아니었으므로 교회의 순수한 교육이란 그 형체를 찾아보기가 어려웠다. 그 결과 오늘날과 같은 국면을 맞이하게 된 것이다.

그래도 이러한 교회 내의 문제에 대한 자각이 일어나고 있는 것은 다행스러운 일이 아닐 수 없다. 교회의 내실화 작업을 기하고, 양적 팽창의 보이지 않는 문제를 극복하기 위한 노력으로 교회마다 교회교육을 위한 목소리를 높이게 된 것이다. 특별히 이러한 교회교육에 대한 자각은 대형교회들을 중심으로 일어나고 있다. 양적 성장을 한 교회들은 더 이상 성장하지 않는 위기에 이르러 질적 성장의 필요에 눈뜨기 시작한 것이다. 또한 교회교육에 대한 의식 있는 작은 교회에서도 일어나고 있는데, 이러한 교회는 양적 성장과 질적 성장의 패턴을 동시에 갖추고 있는 바람직한 교회상으로 비춰지고 있다.

그러면 교육의 구조적인 현황은 어떠한지 살펴보기로 하자.

## 1) 교육구조 현황

한국 교회의 교육구조의 현황은 대표적으로 담임목사를 교장으로 하고, 부목사 또는 교육목사를 교감으로 하는 교육위원회와 각 부서의 지도교역자와 부장으로 조직되어 있다. 그 조직의 짜임은 교회마다 조금씩 다른 양상을 지녔는데 대략 다음과 같이 분류해 볼 수 있다.

(1) 세대별 교육구조

세대별 교육은 크게 장년부를 제외한 유형과 장년부를 포함한 유형으로 분류할 수 있다. 첫 번째, 장년부를 제외한 유형은 각 세대를 영아부(유아부), 유치부, 유년부, 초등부(소년부), 중등부, 고등부(청년부)로 구분한다. 교회의 규모에 따라 좀더 세부적으로 분류하기도 하고, 몇 개의 세대를 통합하여 분류하기도 한다. 대체적으로 영아부부터 고등부를 주일학교로 규정한다. 이러한 구조는 장년교육을 주일학교 개념에서 제외하여 목회적 차원에 두고자 하는 경우이다. 경우에 따라 청년부도 교육 부서에서 제외하는 교회도 있다. 이러한 교회는 청년부를 자치적으로 운영하도록 하게 한다.

두 번째, 장년부를 포함한 유형은 각 세대를 영아부(유아부), 유치부, 유년부, 초등부(소년부), 중등부, 고등부, (대학부), 청년부, 장년부로 구분한다. 이 유형은 장년부를 위시하여 모든 세대를 교회교육에 포함시키는 유형이다. 따라서 전(全) 교인이 교육 부서에 포함되어 교회교육을 받는다.

(2) 발달단계 유형별 교육구조

발달단계 유형별 교육이란 몇 개의 세대를 발달단계별로 묶어서 연계성을 고려한 분류형태이다. 교회마다 조금씩 다르지만 대체로 다음과 같은 구조를 띤다.

〈구조 1〉   교육 1 부 - 영아부, 유치부, 유년부, 초등부, 소년부
            교육 2 부 - 중등부, 고등부, 대학부, 청년부, 장년부

〈구조 2〉   교육 1 부 - 영아부, 유치부, 유년부, 초등부, 소년부
            교육 2 부 - 중등부, 고등부
            교육 3 부 - 대학부, 청년부, 장년부

〈구조 3〉   분과 1 유아분과 - 영아부, 유아부, 유치부
            분과 2 아동분과 - 유년부, 초등부, 소년부
            분과 3 학생분과 - 중등부, 고등부
            분과 4 청년분과 - 대학부, 청년부, 신혼부
            분과 5 장년분과 - 신입부, 장년부, 노년부

이러한 유형은 교회가 성장하면서 세대별 교육구조에서 한걸음 진보한 것이다. 주로 대규모 교회에서 이런 구조를 취한다.

(3) 기능 및 영역별 교육구조

이 유형은 세대별 혹은 발달단계별 구조 위에 교육적인 기능이나 영역도 함께 고려한 구조이다. 따라서 그 구조가 세대별 교육구조든지 발달단계별 교육구조든지 그 외에 기능별 교육 부서를 교육의 구조

안에 포함시키거나 세대별 혹은 발달단계별 구조와 기능영역별 구조를 맞물려서 조직한다. 기능별 교육부서의 예로는 교사교육부, 선교교육부, 성인교육부 등이 있다.

〈구조 1〉 학생교육부 - 영아부, 유치부, 유년부, 초등부, 소년부, 중등부, 고등부
교사교육부 - 교사양성부, 계속교육부
선교교육부 - 음악선교부, 청소년선교부
성인교육부 - 대학부, 청년부, 장년부, 노년부

〈구조 2〉 학생교육부 - 영아부, 유치부, 유년부, 초등부, 소년부, 중등부, 고등부, 대학부, 청년부, 장년부, 노년부
교사교육부 - 교사양성부, 계속교육부
선교교육부 - 음악선교부, 청소년선교부, 부부선교부
신입교육부 - 신입부, 새신자양육부
가정교육부 - 부모교육부, 부부교육부

## 2) 교회교육의 문제와 해결

교회성장에 뒤따른 문제는 교회교육의 문제와 긴밀히 연관되어 있음을 부인할 수가 없다. 앞서 교회성장의 배면에 있는 기독교 교육의 결핍에 대해 이야기한 바 있다. 여기서는 그 기독교 교육의 결핍이 교회 안에서 구체적으로 어떠한 문제들과 연관되어 있는지 분석해 보고자 한다. 이러한 분석은 교회 교육의 현황과 함께 교회교육을 날카롭게 진단할 것이며, 교회교육에 대한 자각을 불러일으키리라 믿는다.

### (1) 성인교육의 부재와 성인교육의 정착
대부분의 교회는 아동 및 청소년 중심의 교육을 하고 있다. 주일학

교라는 명칭도 본의와 다르게 유년주일학교와 중·고등부로 그 의미가 축소된 채 받아들여지고 있는 실정이다. 사실 주일학교라는 것은 전 교인을 대상으로 하는 것이다. 그러나 장년교육의 부재현상은 그 명칭의 의미조차 왜곡되어서 받아들여질 만큼 심각하다.

또 다른 국면에서 장년부는 교육을 마친 세대, 이제는 봉사할 세대라는 인식이 만연하다. 교육은 중·고등부까지, 기껏해야 청년부까지라고 생각하는 경우이다. 이러한 생각은 교회의 전반적인 분위기를 형성해 왔으며, 그에 따라 목회자도 교육의 필요성을 인식하지 못했고, 장년부 성도들도 자신이 교육받아야 할 존재라는 인식이 부족했다.

이제 교육의 활성화를 이룰 수 있는 것은 성인교육에 달려 있다고 해도 과언이 아니다.

"또 나 여호와가 모세를 통하여 모든 규례를 이스라엘 자손에게 가르치리라"(레 10:11).

"주의 법도를 야곱에게, 주의 율법을 이스라엘에게 가르치며"(신 33:10상).

"그들이 여호와의 율법책을 가지고 유다에서 가르치되 그 모든 유다 성읍들로 두루 다니며 백성들을 가르쳤더라"(대하 17:9).

"모세가 그들에게 명령하여 이르기를 매 칠 년 끝 해 곧 면제년의 초막절에 온 이스라엘이 네 하나님 여호와 앞 그가 택하신 곳에 모일 때에 이 율법을 낭독하여 온 이스라엘에게 듣게 할지니 곧 백성의 남녀와 어린이와 네 성읍 안에 거류하는 타국인을 모으고 그들에게 듣고 배우고 네 하나님 여호와를 경외하며 이 율법의 모든 말씀을 지켜 행하게 하고 또 너희가 요단을 건너가서 차지할 땅에 거주할 동안에 이 말씀을 알지 못하는 그들의 자녀에게 듣고 네 하나님 여호와 경외하기를 배우게 할지니라"(신 31:10~13).

위의 성경이 뒷받침해 주듯이 성인이 되어서까지 가르치고 가르침 받아야 할 것은 하나님의 명령이다. 성인교육의 저력은 무궁무진하며, 개발할 수 있는 프로그램도 다양하다. 가정교육, 자녀교육, 봉사교육,

지도자교육 등 성인교육을 통하여 평신도 교육을 정착시킴으로써 교회교육은 다시 한번 활기를 찾을 것이다.

### (2) 지도력의 갈등과 해결

교회교육의 또 다른 문제는 부서 내 지도력의 갈등이다. 대부분 교회들은 교육담당 교역자와 부서의 장(평신도)이 함께 부서를 이끌어 가는 체제로 구성되어 있다. 그러나 역할분담이 명확히 되어 있지 않으므로 조직과 기능에 있어서 지도력의 갈등문제가 있다.

따라서 교육의 역할분담을 사전에 명확히 하는 것은 부서의 추진력을 키우기 위해 필요한 작업이다. 그런데 이것은 개별 부서의 차원보다는 교회교육의 차원에서 조절되어야 하는 어려움이 있다.

### (3) 교육전담 책임자

교육전담 책임자의 부재에 대한 문제는 교육의 전문성 결여의 문제와 관련된다. 각 부서별 담당교역자가 있으나 그들을 통합하여 연계할 만한 교육전담 책임자가 필요하다. 소위 교육목사라고 말할 수 있다. 그러나 우리나라 교회교육의 현황을 보면 교육목사의 명칭을 가진 사람들의 역할은 교육목사의 역할이라기보다는 부목사의 역할이 대부분이다. 교육목사의 진정한 의미는 교회교육의 전반적인 사항을 계획하고 주도하는 자이다.

교회교육의 통일성을 꾀하고 각 부서별 교육을 연계짓는 역할이 바로 교육목사가 해야 할 역할이다. 따라서 그는 교회교육의 전문가여야 할 뿐만 아니라 심방이나 교회업무 등의 다른 분주한 일로부터 놓여 있는, 교회교육만 전담할 수 있는 자라야 한다.

### (4) 교육의 전문성 문제

교회는 각 부서마다 담당교역자가 있으나, 이들은 실제로 목회자가 되기 위한 준비과정에 있는 학생들이 대부분이다. 이들은 자신의 의사와 무관하게 부서를 배치 받기도 한다. 혹은 자신이 선택한 부서일지라도 그것은 일시적이다. 평생을 한 부서에 종사하기로 한 것은 아니기 때문이다. 교회마다 다를 수 있지만 대개 각 교육 부서를 서열식으로 생각하는 경우가 흔하다. 그래서 교육부 담당교역자가 고연령층으로 부서 이동을 하는 것이 승진의 개념으로 이해되기도 한다.

부서별 교육의 전문성이 마비된 상태가 아닐 수 없다. 하나님이 주신 달란트를 활용하여 한 부서에서 평생을 헌신하는 자는 거의 드물다. 교회 밖에서는 청소년 선교기관 혹은 어린이 선교기관 등이 있어서 평생 종사하는 것이 가능하기도 하지만, 교회 안에서는 제도적으로 이러한 교육의 전문성을 뒷받침해 주고 있지 못한 실정이다.

그러므로 각 부서마다 평생 헌신자가 늘어나야 하며, 개 교회에서도 교육구조에 있어서 전문적인 지도자를 흡수하는 구조체계를 갖추도록 노력해야 할 것이다.

(5) 학교체제 도입의 문제

무분별한 학교체제의 도입은 교회 교육의 참다운 뜻을 오히려 헤치고 있다. 교육 행정과 교육 내용, 교육 시간, 교육 방법 등 여러 가지가 있겠지만, 여기서는 그 중 가장 많이 교회에서 논의되는 이슈인 상벌에 대해 생각해 보기로 한다.

먼저 상에 대해 살펴보자. 상은 학습자를 격려하고 교육의 목적을 고무시키는 장점이 있는 반면, 경쟁주의를 조성하고, 특히 개인상의 경우 개인주의를 부추길 수 있다. 신앙공동체인 교회가 지향해야 할 바는 과중한 상을 피하여 상품 및 물질만능 시대에 반기를 들고, 개인상보다 공동체상을 장려하여 자연스럽게 파고드는 개인주의에 대항하여야 할 것이다.

또한 벌에 대해서 살펴보자. 1996년 교육개혁안 중의 하나로 등장한 체벌금지의 문제는 아직까지도 논란이 많다. 성경의 권위가 인정하는 체벌을 인권의 문제를 들어 금할 수 있는가? 체벌의 권한은 누구에게 있는가? 성경의 입장은 체벌을 허용하고 있다. 그러나 그 권한이 누구에게 있는지 명확하지 않다. 성경은 체벌의 권한을 부모에게 있음을 이야기하지만 교사의 권위 역시 부모의 가르치는 권위의 대행자이므로 체벌의 권한을 엄밀히 규정하기가 어렵다. 바람직한 태도는 체벌의 권한은 학습자를 사랑하는 자에게 있으며, 교사가 체벌할 경우 부모의 동의하에 하는 것이 좋다.

이와 같이 교회 교육의 문제들을 면밀히 진단하였다. 의사가 환자의 병을 진단만 하고 처방을 하지 않으면 아무 소용이 없듯이 진단의 목적은 처방과 치료에 있는 것이다. 따라서 교회 교육의 문제들이 각 교회마다 포용력 있게 받아들여지고, 개 교회들이 수용하는 자세를 취할 때, 문제에 대한 처방과 치료가 뒤따를 것이다.

## 확대된 현대 기독교 교육의 방향

### 1) 다원화 문화와 기독교 교육

문화는 인간활동의 정신적인 산물이다. 문화는 자연의 과정이 아닌 창조적인 인간에 의한 산물이다. 이러한 문화는 과학, 예술, 도덕성의 형식들과 조화되어 있지만, 그 이전에 종교와의 긴밀한 관계에서 생겨났다. 과학과 예술과 도덕성이 그 기원과 본질과 목적을 종교에서 찾기 때문이다.

그런데 이러한 문화는 종교가 다양한 만큼이나 다양하다. 실로 우리가 사는 시대는 사회적, 문화적, 종교적 다원화를 경험하는 시대이다. 종교적인 절대성을 지키더라도 다원화 시대는 역행할 수 없는 사회풍토이다. 기독교가 이를 받아들이든지 그렇지 않든지 이미 우리 사회는 다원화 되어 있다. 그러면 기독교는 다원화된 문화에 어떻게 반응해야 하는가? 그 대응책은 무엇인가?

예수 그리스도가 화목 제물이 된 것처럼 복음을 품은 그리스도인은 문화와 화해해야 한다. 그 방법 역시 그리스도의 모델을 좇아야 할 것이다. 예수 그리스도는 죄에 정복되지 않으면서 죄인인 우리와 거룩하신 하나님 사이의 화목을 이루셨다. 그리스도인 역시 문화에 의해 복음이 화해되는 것이 아닌 복음에 의해 문화가 화해되도록 해야 한다. 그것은 다른 말로 표현하면 문화 회복이다.

그러나 문제가 있다. 복음이 문화의 한 단위로 다원화 되었다는 사실이다. 그래서 기독교는 이것을 수용해야 하는가, 그렇지 않으면 거절해야 하는가의 갈림길에 놓여 있다. 예수 그리스도는 우리에게 또 한 번 본이 되신다. 그리스도는 천상에서 화목과 회복을 이루시지 않았다. 그는 죄인의 형상을 입고 많은 사람 중의 하나가 되셨다. 그러나 그에게는 죄가 없었다. 오히려 그에게는 생명이 있었다. 앞에서 이미 말했듯이 문화의 다원성을 부인할 수는 없다. 수용하든지 그렇지 않든지 양 갈래의 길이 있을 뿐이다. 예수 그리스도를 좇아 문화의 다원성을 인정하고 받아들이는 것이 필요하다.

그렇지만 복음이 다원화된 문화 상황에 놓이게 되더라도 복음은 복음이며, 문화와 다르다. 형상은 같지만 내용이 다르다. 복음에는 그리스도 중심사상이 뚜렷이 존재하고 있다. 마치 예수 그리스도 안에 있었던 생명과도 같다.

복음의 내용은 하나님이 자신의 전능한 의지와 은혜에 의해서 용서와 개종의 방법으로 인간 안에 있는 도덕적 이상을 회복시키고 완성하신다는 것이다. 그러므로 복음은 예수 그리스도의 우월성과 같이 모든 문화에 대해 우월하다. 문화의 주도성이 복음에 있다. 또한 복음과 문화는 같은 창조자를 가지고 있기 때문에 논란을 일으키지 않으며 오히려 복음이 문화의 논리와 목적을 구성한다.

## 2) 변화하는 사회와 기독교 교육

사회는 다변화 하고 있으며, 교육은 이러한 사회에 걸맞는 교육목표와 교육내용의 수정을 요한다. 사회는 잠시도 정지한 적이 없으며 지금도 변화하고 있다. 변화하는 사회의 현 시점을 검토해 보면 몇 가지 두드러진 특징이 있다. 그것은 첫째, 포스트모더니즘으로 인한 가치혼란과 지나친 합리주의의 결실인 인간성 상실이다. 가치혼란이 겪는 위기는 기독교 교육 내에도 침투하고 있다. 기독교 교육의 가치가 상대적으로 받아들여짐으로 인하여 그 영향력이 쇠퇴하고 있다. 현대의 다양한 가치를 인정하는 사회는 엄격히 말하면 어떠한 가치도 인정하고 있지 않다고도 볼 수 있다. 즉, 가치동일화 현상이 탈가치화 현상을 불러일으킨다고 볼 수 있다. 이러한 사회일수록 기독교 교육은 뚜렷한 가치를 제시할 수 있어야 하며, 그 가치는 다른 무분별한 가치를 설득할 수 있어야 한다.

둘째, 현 사회의 특징은 소위 말하는 정보화 사회이다. 즉, 재화의 생산 중심인 사회 경제구조에서 서비스나 정보, 지식 중심의 구조로 바뀌고 있는 것을 말한다. 즉, 정보화 사회는 거대한 지식 산업사회이다. 거대한 정보망은 전형적인 산업사회의 구조와 조직을 모두 하나로 엮었다. 산업사회의 이러한 변화는 산업기술의 양적인 증가와 질적인 성장을 이끌고, 나아가서 인간의 창의적 활동도 더욱 요구하게 될 것이다. 정보화 사회의 영향은 교육에까지 확산되어 정보화 사회의 교육환경을 맞이하게 했다. 그것은 교육의 지식과 내용을 방대하게 하고, 교육의 도구와 방법의 변화뿐 아니라 교육의 목표와도 관련하여 정보화 사회에 필요한 기독교인 양성에 주력하도록 도전하고 있다.

셋째, 현 사회의 뚜렷한 변화는 경제적 위기를 맞이하고 있다는 사실이다. 자본주의 사회에서 경제적 위기란 치명적이다. 또한 자본주의 사회에서의 경제적 위기이기에 다른 분야들 즉, 정치 사회, 문화, 교육, 종교와 결코 무관하지 않다. 사회의 위기는 교육의 전환점이 될 수 있음을 효과적으로 간파해야 할 필요가 있다. 경제 위기의 상황을 통해 기독교 교육은 그간의 물질만능주의 사고를 비판하고 인간 본연의 순수한 교육을 강조할 수 있을 것이다. 또한 지나치게 자본에만 의존해 왔던 습관에서 벗어나도록 일깨우는 일을 할 것이다.

이렇듯이 변화하는 사회의 양상은 어제 오늘의 일이 아니다. 역사가 흐르듯이 사회도 변화하고 있는 것이다. 그러므로 여러 가지 사회 변화의 특징들을 대할 때 기독교 교육은 적대적이거나 수동적이어서는 안되며 능동적이고 긍정적으로 받아들이는 것이 필요하다. 능동적이고 긍정적으로 사회 변화를 바라보고 적극적으로 이에 대처하는 것이 기독교 교육이 나아가야 할 현명한 방향이다.

### 3) 가정과 기독교 교육

변화하는 사회의 위기를 맞으면서 교육은 점점 더 근본교육으로 돌아가려는 경향이 짙다. 근본교육이란 가정교육을 말한다.

"이스라엘아 들으라 우리 하나님 여호와는 오직 유일한 여호와이시니 너는 마음을 다하고 뜻을 다하고 힘을 다하여 네 하나님 여호와를 사랑하라 오늘 내가 네게 명하는 이 말씀을 너는 마음에 새기고 네 자녀에게 부지런히 가르치며 집에 앉았을 때에든지 길을 갈 때에든지 누워 있을 때에든지 일어날 때에든지 이 말씀을 강론할 것이며 너는 또 그것을 네 손목에 매어 기호를 삼으며 네 미간에 붙여 표로 삼고 또 네 집 문설주와 바깥 문에 기록할지니라"(신 6:4~9).

사실 가정교육의 중요성은 아무리 강조하여도 지나치지 않다. 초기 히브리인과 기독교인은 어린이들에 대한 부모의 가르침을 강조했고, 초대 미국인 부모들도 자녀들에게 성경을 가르쳤다. 교육의 일차적 책임은 부모에게 있는 것이다.

교육의 대형화와 의무화가 잊기 쉬운 교육적 측면은 개인적인 교육과 사랑이다. 가르치는 기술과 도구가 발전하는 만큼 함께 발전했어야 하는 그 이면의 것들이 바로 이것이다. 대형화된 교육형태는 이러한 것을 소홀히 하기 쉽게 짜여져 있다. 심지어 교육은 획일적인 행정이 되어 버리기까지 했다. 이러한 교육의 빈 공간을 채워 줄 영역은 바로 가정밖에 없다.

또한 교육의 수준이 고등화 되었음에도 불구하고 사회의 도덕과 윤리문제는 더욱 심각하기만 하다. 이 점은 교육에는 질과 양으로 채울 수 없는 부분이 있음을 암시한다. 그것은 부모를 통해서만 전달될 수 있는 부분이다. 그것은 부모로부터의 신앙을 전수 받는 것, 부모의 삶 자체를 닮아가는 것, 부모의 무조건인 사랑을 바탕으로 한 가르침이다.

따라서 가정교육이야말로 현대 기독교 교육의 가장 유력하고 효과적인 방법이다.

## 현대 한국 교회교육의 역할

초대 교회가 보여 준 신앙과 교육의 역동적-유기적 관계는 역사의 변천과정을 거치면서 변질되기 시작했다. 교회와 교육 사이의 유기적 관계는 극단적인 교리문답 교육과 주일학교 운동의 이면에 있는 교회교육의 비전문성으로 인하여 그 성격이 와해되었음을 오늘날 여실히 보여 주고 있다.

왜냐하면 오늘날 사회는 다양함과 복잡함 속에 정제된 일관성을 추구하는 고도로 전문화된 사회이기 때문이다. 따라서 그 사회 속의 구성원들을 동일하게 품고 있는 교회공동체는 교회교육에도 전문성을 기하지 않으면 안될 시기에 이르렀다. 무엇보다도 우선, 교회교육의 한계를 전문적으로 분석하고 새로운 대응책을 마련하는 것이 시급하다.

그러면 교회공동체로서의 광범위한 교회교육의 문제는 무엇인가? 그것은 첫째, 개 교회주의이다. 개 교회주의는 공동의 목표인 '하나님의 나라 확장'보다는 내 교회의 '상대적인 성장'에 집착했다. 둘째, 담임목회자 중심교육이다. 이는 교육의 일관성과 추진력에는 효과적이지만 교회교육의 근본적인 자원이 제한된다는 문제점이 있다. 셋째, 상식주의가 통한다는 것이다. 상식은 가장 편리하면서도 전문성을 가장 해치기 쉬운 것 중의 하나이다. 타성에 젖은 교육은 교육의 발전을 기하기보다는 교육의 퇴보를 조장할 것이다.

이러한 현실에서 현대 한국 교회교육의 나아갈 방향은 첫째, 개인별, 기관별, 교단별 정보의 활발한 교환이다. 더 이상 개 교회주의는 통하지 않는다. 서로 협력하는 것이 서로의 발전을 도모하는 지름길인 것이다. 둘째, 담임 목회자 주도형의 교육에서 탈피하여 교육공동체적 구조를 마련하고 교육의 전문 영역을 확보하는 것이다. 셋째, 교회교육의 전문성이 강조되어야 하며, 교회마다 전문가로서의 책임이 이행되어야 한다.

급변하는 사회 속에서 교회 교육이 대비해야 할 상황은 이루 헤아릴 수 없을 만큼 많다. 그 중의 몇 가지를 간추려 미래의 한국 교회교육의 과제를 생각해 보기로 한다.[11]

첫째, 남북통일을 위한 준비이다. 북한체제의 붕괴와 그에 따른 남북통일을 대비하여 준비하는 교회교육이 되도록 그 몫을 담당해야 한다. 무엇보다도 민족의 동질성과 분단의 상처를 치료하는 화해의 교육이 필요하며, 성경적인 조망과 그리스도 안에서의 통일을 주제로 한 교육이 필요하다. 또한 통일 이전에 남한인 우리나라에서 먼저 일치와 화해와 질적 성숙이 더욱 요구된다.

둘째, 간세대 교육의 정착이다. 종교적 대량생산 시대에는 거대교회가 기계처럼 말없는 교인들을 생산해 냈으나 다음 세대에는 대중교인으로부터 '얼굴 있는 교인'으로 변하는 운동이 일어나 다양한 계층의 분화와 욕구에 따라 소그룹 중심의 다양한 교회가 출현하게 될 것이다. 그러면서 교회공동체는 기존의 연령별 조직에서 탈피해 인간공동체를 세우는 일에 집중할 것이다. 특히 기존의 가족형태가 해체됨으로 진정한 가족의 재발견을 위한 도움이 요청된다. 이를 위해 필연적으로 먼저 요구되는 것은 간세대 교육의 정착이다.

셋째, 준비시키는 역할이다. 스나이더는 새로운 지도자의 요청을 준비시키는 자(equipper, enabler)의 모델이라고 말한다. 그는 이것을 각 신자들이 장성하여 교회 안에서 자신의 독특한 활동과 사역을 발견하여 이를 실천하도록 돕는 일을 주된 활동으로 삼는 복수 리더십이라고 해석하고 있다.

---

11) 권영국, "21세기를 준비하는 교회교육", 교육교회, 1993.7. 참조.

넷째, 도시화의 진행은 앞으로도 더욱 가속화 되어 공동체적 생활양식이 해체되며 급속한 사회변화로 세대간의 격차는 더욱 벌어지는 현상을 보일 것이다. 그리고 청소년의 주요 사회화 매체인 가정과 학교의 환경도 대단히 부정적이다. 따라서 청소년의 비행과 탈선이 이상가정과 잘못된 교육관에서부터 시작된다고 볼 때 현재에도 날로 증가추세에 있는 청소년의 범죄(폭력, 마약, 성범죄)는 더욱 양적 증가와 질적 흉포화, 집단화, 저연령층화 할 것으로 보인다.

그러므로 교회는 청소년의 일탈에서 생기는 정서 파괴와 가치 하락의 문제들을 심각하게 생각하고, 뚜렷한 목회 소신을 가지고 청소년의 가치와 정서를 회복하는 데 깊은 영향을 주는 대안을 강구해야 할 것이다. 올바른 청소년 문화의 개발과 육성에도 힘을 기울여 잘못된 상업주의나 배금주의와 대중매체의 악영향으로부터 미래의 싹인 청소년들을 보호해야 할 것이다.

이 외에도 한국 교회의 교육적 사명은 끝이 보이지 않는 길과 같다. 교회의 교육적 사명을 매 순간 인식하고 변화하는 사회를 주도해 가는 기독교 교육이 되어야 할 것이다.

## 연구를 위한 질문

1. 양적 성장과 질적 성숙을 모두 만족시킬 수 있는 교회 패턴에 대해 논하시오.

2. 교회교육의 구체적인 문제와 해결책을 논하시오.

3. 가정교육의 중요성과 구체적인 계획을 논하시오.

# 참 고 문 헌

강희천, 기독교 교육사상, 서울 : 연세대학교출판부, 1991.
김득룡, 기독교 교육원론, 서울 : 총신대학출판부, 1976.
김태원, 교회의 교육적 사명, 서울 : 종로서적, 1995(1985).
신현광, 교육목회와 교회성장, 서울 : 민영사, 1997.
정일웅, 교육목회학, 서울 : 도서출판 솔로몬, 1993.
정정숙, 성경적 가정사역, 서울 : 도서출판 베다니, 1994.
한국 기독교 교육학회편, 21세기 기독교교육의 과제와 전망, 서울 : 한국장로교출판사, 1997.
한숭홍, 기독교 교육철학 사상, 서울 : 장로회신학대학출판부, 1991.
한춘기, 교회교육의 이해, 서울 : 한국로고스연구원, 1996.


Adams, Daniel J.(하달리), 이기문 역, 기독교 교육철학, 서울 : 대한예수교장로회 총회교육부, 1985.
Berversluis, Nicholas Henry, Christian Philosophy of Education, 최광석 역, 기독교 교육철학, 서울 : 한국개혁주의신행협회, 1979.
Bollnow, Otto Freidrich, Padagogik in Anthropologischer Sicht, 오인탁·정혜영 공역, 교육의 인간학, 서울 : 문음사, 1990.
Bower, Robert K., Administering Christian Education, Grand rapids, MI : Wm. B. Eerdmans Publishing Company, 1964. (신청기 역, 기독교 교육행정의 원리와 실제, 서울 : 성

광문화사, 1983).

Byrne H. W., Christian Education for the Local Church, Grand Rapids, MI : ZondervanCorporation, 1973. (신청기 역, 교회중심의 기독교 교육, 서울 : 생명의말씀사, 1985).

Byrne H. W., A Christian Approach to Education : Educational Theory and Application, 신현광 역, 기독교 교육학 총론, 서울 : 민영사, 1990(1988).

Clark, Robert E., Zuck, Roy B., and Brubarker Joanne, Childhood Education in the Church, 신청기 역, 교회의 아동교육, 1993(1989).

Coleman, Lucien E. Jr., Why the Church must Teach?, 박영철 역, 교육하는 교회, 서울 : 요단출판사, 1996(1986).

Cully, Iris V., Planning and Selecting Curriculum for Christian Education, 고용수 역, 커리큘럼의 계획과 선택, 서울 : 한국장로교출판사, 1993.

De Jong, Norman, Philosophy of Education : A Christian Approach, 신청기 역, 기독교 교육철학의 원리와 실제, 서울 : 성광문화사, 1983.

De Jong, Norman, Education in the Truth, Phillipsburg, NJ : Presbyterian & Reformed Publishing Co., 1969(신청기역, 진리에 기초를 둔 교육, 서울 : 생명의말씀사, 1985).

De. Graaff, Anold, The Educational Ministry of the Church, 신청기 역, 교육목회학, 서울 : 기독교문서선교회, 1988.

Dewolf, L. H., Teaching Our Faith in God, 조항록 역, 신앙과 교육, 서울 : 대한기독교교육협회, 1991.
Eavey, C. B., 박영호 역, 기독교교육방법론, 서울 : 기독교문서선교회, 1986.
Eavey, C. B., History of Christian Education, 김근수・신청기 역, 기독교 교육사, 서울 : 한국기독교교육연구원, 1986(1980).
Eavey, C. B., Principle of Teaching for Christian Teachers, 박영호 역, 기독교 교육 원리, 서울 : 기독교문서선교회, 1991.
Fakkema, M., Christian Philosophy and Its Educational Implications, 황성철 역, 기독교 교육철학, 서울 : 한국기독교교육연구원, 1988(1982).
Fennema, Jack, 정희영 역, 기독교 아동교육, 서울 : 도서출판 엠마오, 1990(1987).
Foster, Chales R., Teaching in the Community of Faith, 고용수・문전섭 역, 서울 : 한국장로교출판사, 1993.
Gangel, Kenneth O., Understanding Sunday School, 김국환 역, 교회교육에 대한 이해, 서울 : 무림출판사, 1991.
Gangel, Kenneth O. & Warren S. Benson, Christian Education : Its History and Philosophy, Chicago : Moody Press, 1983(유재덕 역, 기독교 교육사, 서울 : 기독교문서선교회, 1992).
Griggs, Donald L., Teaching Teachers to Teach, 김광률 역, 교사 훈련을 위한 지침서, 서울 : 한국장로교출판사, 1995(1978).
Habermas, Ronald & Issler, Klaus, Teaching for Reconciliation, Grand Rapids, MI : Baker Book House, 1992.

Hakes, J. Edward, An Introduction to Evangelical Christian Education, 정정숙 역, 기독교 교육학 개론, 서울 : 성광문화사, 1987(1979).
Horne, Herman Harrell, Teaching Techniques of Jesus, 박영호 역, 예수님의 교육방법론, 서울 : 기독교문서선교회, 1995(1980).
Jaarsma, Cornelius, The Educational Philosophy of Herman Bavinck a Textbook in Education, 정정숙 역, 헤르만 바빙크의 기독교 교육철학, 서울 : 총신대학출판부, 1983.
John T. Sisemore, 한춘기 역, 교회와 교육, 서울 : 총신대학출판부, 1993.
Knight, George R., Philosophy and Education : An introduction in Christian Perspective, 박영철 역, 철학과 기독교 교육, 서울 : 침례신학대학출판부, 1987.
Macaulay, Susan Schaeffer, 박경옥 역, 라브리의 가정교육, 서울 : 라브리, 1990(1989).
Reinhart, Bruce, The Institutional Nature of Adult Christian Education, Philadelphia : The Westminster Press, 1962.
Richards, Lawrence O., Children's Ministry, 김원주 역, 어린이사역, 서울 : 파이디온선교회, 1995.
Rood, wayne R., The Art of Teaching Christianty, 김태원 역, 기독교 교육론, 서울 : 기독교대한감리회 교육국, 1987
Schaeffer, Edith, What is a Family?, Grand Rapids, MI : Baker Book House, 1975. (양은순 역, 가정이란 무엇인가?, 서울 : 생명의말씀사, 1992(1981)).

Sisemore, John T., The Ministry of Religious Education, 한춘기 역, 교회와 교육, 서울 : 총신대학출판부, 1993.
Solderholm, M.E., Understanding the Pupil Ⅰ.Ⅱ, 양은순 역, 학생을 이해하려면(영.유아부, 유치부), 서울 : 생명의말씀사, 1996(1974).
Taylor, Marvin J.(Editor), An Introduction to Christian Education, Nashville, TN : Abingdon Press, 1966.
Towns, Elmer, The Successful Sunday School and Teachers Guidebook, 신원삼 역, 주일학교 교육백과, 서울 : 국제문서선교회, 1980.
Webber, Robert E., The Secular Saint, 이승구 역, 기독교 문화관, 서울 : 도서출판 엠마오, 1992(1984).
Wyckoff, D. Campbell, Theory and Design of Christian Education Curriculum, Philadelphia : Westminster Press, 1991. (김국환 역, 기독교 교육과정의 이론과 설계, 서울 : 성광문화사, 1992(1990).
Zuck, Roy B., Benson, Warren, Youth Education in the Church, 신청기 역, 교회의 청소년교육, 서울 : 기독교문서선교회, 1987.
Zuck, Roy B., Gets, Gene A., Adult Education in the Church, 신청기 역, 교회와 장년교육, 서울 : 기독교문서선교회, 1990.

Bushnell, Horace, Christian Nurture, Grand Rapids, MI : Baker Book House, 1979.
Chadwick, Ronald P., Teaching and Learning, Old Tappan, NJ : Fleming H. Revell Co., 1982.
De Jong, Norman, Education in the Truth, Phillipsburg, NJ : Presbyterian & Reformed Publishing Co., 1969.
Downs, Perry G., Teaching for Spiritual Growth, Grand Rapids, MI : Zondervan Publishing House, 1994.
Fennema, Jack, Nurturing Children in the Lord, Phillipsburg, New Jersey : Presbyterian and Reformed Publishing Co., 1978.
Gangel, Kenneth O. & Warren S. Benson, Christian Education : Its History and Philosophy, Chicago : Moody Press, 1983.
Habermas, Ronald & Issler, Klaus, Teaching for Reconciliation, Grand Rapids, MI : Baker Book House, 1992.
Lawson, Michael S. and Choun, Robert J. Jr., Directing Christian Education, Chicago : Moody Press, 1992.
Lee, James Michael(editor), Handbook of Faith, Birminggham, Alabama : religious Education Press, 1990.
Pazmino, Robert, W., Principle & Practices of Christian Education, Grand Rapids, MI : Baker Book House, 1992.
Pazmino, Robert, W., Foundational Issues in Christian Education : An Introduction in Evangelical

Perspective, Grand Rapids, MI : Baker Book House, 1995(1988).

Reinhart, Bruce, The Institutional Nature of Adult Christian Education, Philadelphia : The Westminster Press, 1962.

Taylor, Marvin J.(Editor), An Introduction to Christian Education, Nashville, TN : Abingdon Press, 1966.

Taylor, Marvin J.(Editor), Changing Patterns of Relugious Education, Nashville, TN : Abingdon Press, 1984.

Taylor, Marvin J.(Editor), Foundations for Christian Education in an Era of Change, Nashville, TN : Abingdon Press, 1976.

Wilhoit, Jim, Christian Education and the Search for Meaning, Grand Rapids, MI : Baker Book House, 1991(1986).

Wilhoit, Jim, Effective Bible Teaching, Grand Rapids, MI : Baker Book House, 1988.

Wyckoff D. Campbell and Richter Don, Religious Education Ministry With Youth, Birmingham, Alabama : Religious Education Press, 1982.

Zuck, Roy B., Teaching as Jesus Thaught, Grand Rapids, MI : Baker Book House, 1995.

기독교 교육총서 5

# 기독교 교육철학

초판 발행 · 2000년 12월 22일
초판 4쇄 · 2020년 3월 19일

지은이 · 황성철

편집 · 대한예수교장로회총회 교육부
제작 · 대한예수교장로회총회 출판부
발행 · 대한예수교장로회총회
주소 · 서울시 강남구 영동대로 330

전화 · (02)559-5655~7
팩스 · (02)564-0782
홈페이지 · www.holyonebook.com
출판등록 · 제1977-000003호 1977. 7. 18

ISBN 978-89-8490-030-1 04230
ISBN 978-89-88327-33-3(세트)

ⓒ2000, 대한예수교장로회총회
※잘못된 책은 바꾸어 드립니다.